KB215148

바쁜 삶을 산다는 것은 열정적으로 산다는 말과 동의어가 된 세상이다. 슬로우 영성을 추구한다고 말하면 시대에 맞지 않는 사람처럼 보일 것이다. 그러나 예수님은 많은 일을 하셨지만 바쁘거나 쫓기지 않으셨다. 원제 "Crazy Busy"처럼 미친 듯이 바쁜 세상에서 우리가 잃어버리기 쉬운 함정은 바로 기쁨과 감사다. 저자는 오늘 삶의 RPM을 늦추지 못하면 기쁨과 감사가 사라진 영적 침체 가운데로 빠질 것이라고 경고한다. 예수님은 공중의 새와 들에 핀 꽃은 염려하지 않는다고 말씀하셨다. 그런데 우리는 왜 염려하는가? 바쁜 일상에 쫓겨서 생각하지 못하기 때문이다. 분주함은 일상 속에서 하나님이 주시는 섭리의 아름다움을 그냥 지나치게 한다. 머무르지 못할 때 우리의 두 눈은 아름다운 것과 선한 것을 볼 수 없다. 너무 바빠서 내면세계에 질서를 세우지 못하면 언젠가 함몰 구덩이에 빠지게 된다. 바쁜 것은 마귀에게 속한 것이라는 말을 인생의 좌우명으로 새기고 싶다.

고상섭 | 그사랑교회 담임목사, CTCKOREA 이사

이 책을 읽으면 마치 자신의 이야기 같아서 당황스러울지도 모른다. 바쁘다는 게 자랑처럼 여겨지는 시대에 저자는 날카롭게 질문한다. "왜 이렇게 사는 걸까?" 목회자, 직장인, 부모, 학생까지 이 책을 읽으며 자신을 돌아볼 것이다. 케빈 드영은 탁월한 통찰력과 유쾌한 입담으로 우리를 분주함의 늪에서 건져내고자 한다. 단순한 시간 관리법을 말하려는 것이 아니다. 그 분주함이 어디에서 비롯되었는지, 내면에 도사린 문제는 무엇인지 깊이 파고든다. 그리고 그 해법을 복음에서 찾는다. '덜 바쁘게 사는 법'이 아닌 '어떤 분주함이 가치 있는가?'라는 더 본질적인 질문을 던진다. 이 책을 읽다보면 우리의 삶과 사역이 더욱 선명해질 것이다. 그리스도 앞에서 분주함의 이유를 점검하고 싶은 이들에게 강력히 추천한다.

김관성 | 울산낮은담교회 담임목사, 《낮은 데로 가라》 저자

오늘날 '성공'과 '성취'라는 보이지 않는 우상을 좇느라 분주한 이들이 적지 않다. 하지만 그 분주함 이면에는 교만이라는 원인이 숨어 있음을 간파하는 자는 많지 않다. 이 책은 '분주함'을 단순한 일정 관리 문제가 아니라 다양한 얼굴을 지닌 '교만이 낳은 영적 위기'로 바라보도록 이끌어 준다. 또한 진정한 쉼과 섬김을 위해 무엇을 버리고 붙들어야 할지 깨닫게 한다. 치열한 경쟁 사회 속에서 진정한 만족과 쉼이 되시는 예수님의 발 앞에서 참된 안식을 갈망하는 분들께 이 책을 적극 추천한다.

김다위 | 선한목자교회 담임목사, 《영혼을 위한 싸움》 저자

분주함의 정도로 자신의 쓸모를 증명하려 하고, 경쟁하듯 서로의 바쁨을 내세우려 하는 시대다. 스스로를 채찍질하며 달려가는 현대인들에게 케빈 드영은 우리 마음의 중심을 점검하도록 제동을 건다. 그는 영혼의 부패를 알아채지 못하게 시야를 가리고 있던 분주함을 헤치고 보아야 할 것을 보도록 우리를 인도한다. 멀리 가기 위해서는 페이스 조절이 필수다. 숨가쁘게 바쁜 일상을 살아가는 그리스도인들에게 이 책은 페이스메이커가 되어 줄 것이다.

김병삼 | 만나교회 담임목사, 《모든 날이 은혜스럽다》 저자

"왜 이렇게 바쁘지?" 이 말을 자주 한다면 이 책을 읽어야 할 때다. 케빈 드영은 지나치게 바쁜 삶이 초래하는 문제와 그 해결책을 명확하게 짚어준다. 이제는 분주함을 멈추고 기쁨을 되찾자. 이 책은 바쁜 일상에 지쳐 기쁨을 잃어가는 우리에게 꼭 필요한 이정표가 될 것이다.

김장현 | 오륜교회 청년국 목사, 스타북스북클럽 대표

비즈니스에서는 '분주함'은 너무나 당연하다. 그래서 "나는 이 책을 쓰기에 최악의 사람이다. 그런데 어쩌면 최고일지도 모르겠다."는 저자의 말에 온전히 공감했다. 바쁨의 본질이 단순한 일정 관리 문제가 아니라는 것, 세상 염려와 더 많은 것을 가지려는 욕망이 우리 영혼을 질식시키는 것이라는 저자의 목소리에 귀 기울일 필요가 있다. 모든 분주함 속에 있는 이들에게 이 책은 찔림이 될 것이다. 동시에 회복할 기회를 선사할 것이다.

도현명 | 임팩트스퀘어 대표

케빈 드영의 책 제목은 대부분 평상적이고 실용적인 단어로 표제로 삼기에 그의 신학적 깊이와 통찰력을 간과하게 된다. 그러나 장담하건대 이 책을 읽는 독자마다 그 속에 녹아있는 자양분들이 얼마나 묵직한 신학의 토대인지 확신할 것이며, 그 묵직함이 큰 공감과 삶의 실제를 연결해주는 것을 보게 될 것이다. 평상적인 제목만큼 읽기 쉬운 문장으로 전개된다. 그 안에서 궁금하던 부분을 바로 짚어주는 통찰과 쉬운 표현 속에 깊이 있는 개념 이해를 만끽할 수 있는 책이다.

박민근 | 이음교회 담임목사, 《조직신학의 눈으로 읽는 성경》 저자

끊임없이 바쁜 현대인의 삶에서 여유로움은 마치 손에 닿지 않는 무지개 끝의 황금항아리처럼 아득하기만 하다. 분주함이 곧 성실함을 의미하는 것도, 바쁨이 실력을 보장하는 것도 아니지만 우리는 여전히 숨가쁘게 달리며 여유를 갈망한다. 케빈 드영의 《나는 왜 이렇게 바쁠까》는 분주함의 본질을 깊이 있게 성찰한다. 단순한 시간 관리법을 말하지 않는다. 신앙적 관점에서 분주함의 본질을 날카롭게 진단하며 삶의 리듬을 회복하도록 돕는 귀한 지침서다. 분주함과의 사투에서 기필코 승리하길 원하는 모든 분들에게 이 책을 추천한다.

박천종 | 온누리교회 부목사

대학병원 간호사로 3교대 근무를 하고 있다. 오늘이 무슨 요일인지, 지금이 낮인지 밤인지도 모른 채 일할 때가 많다. 주일도 잊기 일쑤이고, 삶 속에서 하나님을 의식하며 사는 것이 더더욱 어려워짐을 느낀다. 직장인으로 살아가며 그리스도인으로서 놓치고 있는 것이 무엇인지, 분주함 뒤에 감추어진 진짜 나의 연약함이 무엇인지 되돌아보게 하는 책이다.

윤지혜 | 인스타그램 '삶의 예배자 지혜' 운영자, 서울아산병원 간호사

삶에 가장 중요한 것은 '자기 시간을 무엇으로 채우는가?'다. 우리는 그 시간을 통해 하나님의 영광을 드러낼 수도 있고, 반대로 죄 가운데 살아가기도 한다. 《나는 왜 이렇게 바쁠까》는 성도가 바쁜 이유를 진단하고, 우선순위를 세워 바쁘지 않게 살아가는 실천적인 방법을 제안한다. 이 책을 통해 시간과 인생의 주권을 하나님께 드리는 연습을 해보자.

이슬기 | 좋은신앙습관공동체 온리블 대표, 《엄마가 된 나의 신앙이야기》 저자

이 시대는 한꺼번에 몇 가지의 일을 처리하고 빠른 결과를 도출하는 능력을 최고의 가치로 둔다. 과한 것이 더 좋은 것이라는 격언도 만들어 냈다. 과한 것이 얼마나 중요한 것을 잃어버리게 하는지 망각한 채 말이다. 캐빈 드영은 분주한 현대인의 삶을 일곱 가지로 진단하고, 바쁜 생활 속에서 더 소중히 여겨야 할 하나님과의 교제를 강조한다. 당신의 삶이 분주하기만 한가? 하나님과의 교제가 은혜에 잠기지 못한 채 단순히 빠른 속도로 묵상과 기도를 마무리하는 데에만 급급한가? 그렇다면 이 책을 통해 영적 건강 검진을 받을 필요가 있다.

전광진 | 수지예본교회 담임목사, 전 분당우리교회 훈련디렉터

우리는 그 어느 때보다 바쁜 삶을 살아가고 있다. 해야 할 일은 끝이 없고, 알람은 쉴 새 없이 울려댄다. 모든 것이 우리를 더욱 빠르게, 더욱 열심히 움직이도록 재촉한다. 그 속에서 우리의 몸과 마음, 영혼은 점점 지쳐간다. 저자는 당연하게 받아들이는 '분주함'이라는 현상을 깊이 들여다보며, 그로 인해 흐트러진 균형을 되찾도록 돕는다. 분주함이 만들어 내는 교만, 과도한 책임감, 우선순위의 혼란, 쉼의 결핍과 같은 내면의 문제들을 성경적 관점에서 풀어낸다. 이 책을 진지하게 읽는다면, 예수님이 보여주신 삶의 모범을 배우고 하나님이 기뻐하시는 방식으로 일하고 쉬는 법을 익히게 될 것이다. "나는 왜 이렇게 바쁜 걸까?" 라는 이 질문이 익숙하다면 성경적 통찰과 실질적인 지혜가 가득한 이 책이 새로운 길을 여는 소중한 안내자가 되어 줄 것이다.

조영민 | 나눔교회 담임목사

우리는 정신없이 바쁘다. 어린아이, 어른에 할 것 없이 모두 하루를 바쁘게 보낸다. 하지만 정작 자신이 왜 그렇게까지 바쁜지는 잘 모른다. 케빈 드영은 우리가 왜 '정신없이' 바쁠 수밖에 없는지를 매우 통찰력 있게 진단한다. 그렇다고 어떻게 하면 우리가 바쁘지 않을 수 있는지 진단하고 곧바로 분주하지 않을 방법을 제시하지는 않는다. 책에서 줄곧 말하는 것처럼 분주함의 해결책은 지혜로운 일정 관리에 있는 게 아니라 내면에 있다. 저자는 '정신없이' 바쁜 우리로 하여금 '제정신'을 찾게 한다. 정신없이 바쁘게 살아가지 않으면 안 될 것 같은 불안함이 있는가? 몸과 마음은 힘들지만 그래야 하나님이 기뻐하는 삶을 살고 있다고 생각하고 있는가? 이 책이 '정신없이' 바쁜 당신에게 '올바른 분주함'이 무엇인지 알게 해줄 것이다.

조재욱 | 도심빛교회 담임목사, 인스타그램 '물음에답하다' 운영자

케빈 드영이 쓴 글은 모두 성경적이고 시의적절하며, 삶과 사역 모두에 유익하다. 그는 이 책에서 바쁘게 살아가는 삶의 공허함을 경계하라고 알려준다. 많이 움직인다고 많은 열매를 맺는 것은 아니기 때문이다. 이 책은 바쁜 일상에서 진정 중요한 것들을 놓치지 않도록 도와준다.

나는 케빈 드영의 글을 좋아한다. 그는 항상 명확하고 성경적이며 요점을 잘 전달한다. 유머도 적절히 섞여있어 읽는 재미를 더한다. 《나는 왜 이렇게 바쁠까?》도 예외는 아니다. 이 책은 흥미롭고 빠르게 읽을 수 있어서 분주하게 사는 사람들이 시간을 내어 읽기에 적합하다. 저자는 우리가 바쁘게 사는 근본적인 이유를 생각하게 하고, 이를 극복하기 위한 실질적인 방법도 제시한다. 나도 바쁘게 살고 있는 한 사람으로서, 바쁘게 살고 있는 다른 분들도 이 작은 책을 틈틈이 읽어보기를 권하고 싶다.

이 책은 스트레스를 많이 받는 사람들에게 도움이 될 것이다. 저자는 예수님도 바쁘셨고, 다른 그리스도인들도 열방을 제자화하고, 자녀 양육과 자신에게 주어진 짐을 지느라 바쁘게 산다는 것을 보여준다. 그는 단순히 바쁜 것과 누군가에게 인정을 바라거나 그들을 통제하려다 보니 바빠지는 '미친 듯이 바쁜' 것을 구분한다. 성경적 리듬에 따라 하나님의 섭리를 신뢰하며 살 때 정신을 건강하게 유지할 수 있다는 것을 보여준다. 어린이제국(Kindergarchy)에 살면서 자녀에게 지나치게 많은 것을 제공하는 부모들에게 특히 추천한다. 저자는 부모의 양육 방식이 자녀 인생의 성공과 실패를 결정할 수 없으니 아이들에게 좀더 폭넓은 자유를 허용하라고 말한다.

마빈 올라스키 | 월드 뉴스 그룹 편집장

케빈 드영의 《나는 왜 이렇게 바쁠까》는 바쁘게 돌아가는 내 삶에서 시간을 내어 추천하기에 전혀 아깝지 않은 책이다. 저자는 바쁘다는 사실이 신앙의 증거일 수도 있지만, 반대로 우리의 교만, 야망, 통제되지 않은 활동의 증거일 수도 있다고 명확히 설명한다. 언제나 그랬듯이 신중하게 사고하는 목사이자, 독자를 몰입하게 만드는 뛰어난 작가인 케빈 드영의 역량이 이 책에서도 여실히 드러난다.

알버트 몰러 주니어 | 남침례신학대학원 총장

많은 사람이 습관적으로 그리고 잘못된 방식으로 바쁘게 살고 있다. 다수가 이 문제와 힘겹게 싸우고 있지만, 이 중요한 주제에 대해 가르침을 듣기는 쉽지 않다. 케빈 드영은 이 문제를 투명하게 바라보고 그리스도 안에서 안식을 찾는 법에 대한 유용하고 실질적인 지침을 제공한다. 그의 트레이드 마크인 유머도 빠지지 않는다. 케빈 드영은 이 책으로 교회에 큰 유익을 주었다. 이 책을 강력히 추천한다.

샤이 린네 | 힙합 아티스트

나는 왜 이렇게 바쁠까

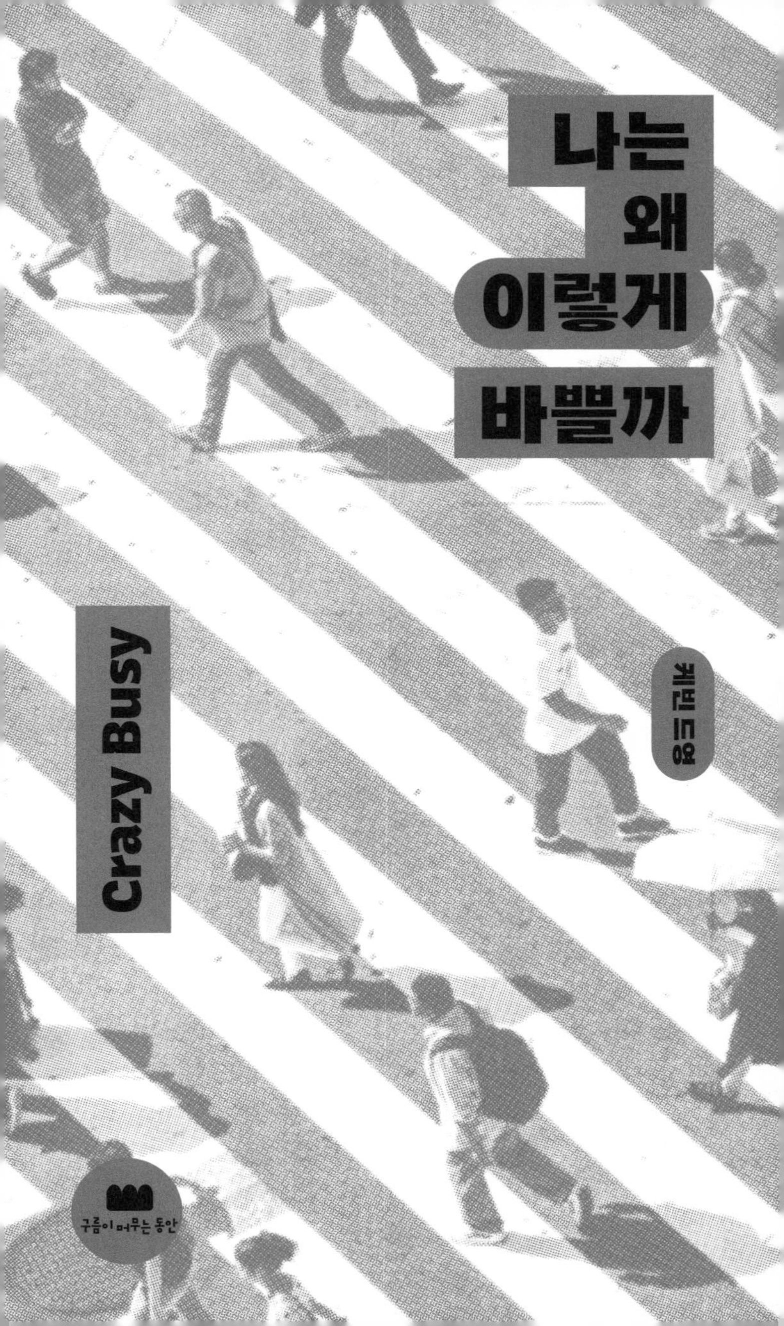
나는
왜
이렇게
바쁠까
Crazy Busy
케빈 드영
구름이 머무는 동안

마크, 릭, C. J., 알, 타비티, 매트, 존, 데이비드,

바쁜 와중에도 시간을 내어준 친구들에게

차례

우리는 모두 비슷한 방식으로
바쁘게 살아가고 있다.

01

왜 이렇게

바쁠까

나는 이 책을 쓰기에 최악의 사람이다.

그런데 어쩌면 최고일지도 모르겠다.

나는 정말 바쁘게 산다. 자랑이나 과장해서 하는 말이 아니다. 누가 얼마나 더 바쁜지 내기를 하자는 것도 아니다. 사실을 말하는 것뿐이다. 그게 아니라면 매일 내게 주어진 삶을 어떻게 느끼는지 설명하는 것일지도 모르겠다. 나는 종종 농담처럼 "시간만 있다면 바쁨에 대해 책을 저술하겠다."는 말을 하곤 했다. 사실 농담이 아니었다.

나는 어쩌다가 이 지경에 이르렀을까? 당신은

어쩌다가 이렇게 되었는가? 우리는 어떻게 이런 지경에 이르게 되었을까? 나는 "요즘 어떻게 지내?"라는 인사에 "요즘은 그렇게 바쁘지는 않아."라고 대답하는 사람을 거의 만나본 적이 없다. 물론 어딘가에는 정말로 '할 일이 없는' 여섯 살짜리 아이도 있을 테고, 양로원에 계신 할머니, 할아버지도 계실 것이다. 그런데 그 중간에 끼어 있는 거의 모든 사람들은 끊임없이 바쁘고 극심한 스트레스 속에 살아간다는 인식이 만연하다.

나는 이미 정상에 도달해서 산 아래 있는 사람들에게 밧줄을 던져주는 입장에서 이 책을 쓰는 것이 아니다. 사실 나는 이제 막 지상에서 1미터쯤 올라가서 발끝을 세우고 다음에 디뎌야 할 부분을 찾고 있는 사람에 가깝다. 내가 다른 사람들보다 더 많이 알기 때문에 이 책을 쓰는 것이 아니다. 다만 나는 지금 알고 있는 것보다 더 많이 알기를 원한다. 인생이 왜 그렇게 바쁘게 느껴지는지, 세상이 왜 그런지, 내가 왜 그런지 알기 원한다. 그리고 나는 나를 바꾸고 싶다.

숨가쁘게 살아온 날들

나는 어렸을 때부터 바쁘게 지냈다. 고등학교 때는 육상과 크로스컨트리, 교내 농구 선수로 뛰었다. 내셔널 아너 소사이어티(National Honor Society)의 회원이었고, 스페인어 동아리에서 공부했고, 대학교 학점을 미리 딸 수 있는 수업을 여러 개 들었다. 밴드에서 연주자로 활동했고, 뮤지컬 공연도 했다. 주일에는 두 곳의 주일학교와 청소년 모임에 참여하고, 금요일 오전에 있는 성경 공부 모임에도 참석했다. 어느 누구도 내게 이렇게 하라고 하지 않았다. 교회에 출석하는 것을 제외하고는 부모님이 시키신 것도 아니다. 이 모든 것은 다 내가 하고 싶어서 한 일이었다.

대학생이 되면서 활동은 더 늘어났다. 나는 한 시즌 동안 육상을 했고, 그 외에도 여러 교내 스포츠 활동을 즐겼다. 여러 교수님 밑에서 조교를 하고, 미국에서 가장 큰 규모의 모의 유엔 프로그램 중 하나를 조직했다(놀랍게도 사실이다). 교내 라디오 방송국에서 디제이로 활동하면서, 기독교 동아리를 이끌었다. 누가 시키지 않아도 일주일에 세 번씩 대학 채플을 드렸고, 교회 성가대에 서고, 대학 채플 성가대에도 섰다. 교회 대학부에서 활동하면서 수요일 밤에는 기독소년단(Boy's Brigade) 활동을 도왔다. 주일이면 오전에는 예배를 드리고, 주일학교에 가서 봉사하고, 저녁 예배를 드리고, 밤늦게 학교로 돌아와 다시 대학 채플을 보러 갔다.

신학대학원에 와서도 마찬가지였다. 정규 교과 과정과 교단의 미로 같은 목사 안수 과정을 거치는 것도 모자라 내가 다니던 교회에서 파트사역자로 섬겼다. 정기적으로 설교하고, 최대 세 개의 다른 성가대에 동시에 소속되어 활동했으며, 매주 서로의 삶을 점검해 주는 소그룹 모임에 참여했다. 주일에는 두 번 예배드리고, 주일학교를 섬겼다. 주중에는 어린아이들을 위한 교리 수업을 열었다. 신학대학원에서는 선교위원회를 이끌고, 채플을 드리고, 수시로 기도회에 참석했다. 이렇게 나는 계속해서 일을 벌였다.

사실 여기까지는 내가 정말로 바빠지기 이전의

이야기다. 신학대학원을 졸업하고 결혼을 하게 되니, 이전에 미혼 대학원생일 때와는 비교할 수 없었다. 나는 신학대학원 마지막 학기를 제외하고는 모든 학창 시절을 미혼으로 보냈다. 그때는 전임 사역자가 아니었다. 블로그를 운영하거나 책을 쓰지도 않았다. 장년부 모임을 이끌지도 않았고, 강연을 다니지도 않았다. 디지털 미디어의 노예도 아니었다. 주택 문제로 골머리를 썩지도 않았고, 잔디를 깎을 일도, 난로를 고칠 일도, 매주 준비해야 할 설교도 없었다. 여러 지역을 다닐 일도 없었다. 인스타그램이나 트위터도 하지 않았다. 지금처럼 다섯 아이를 키우는 아빠도 아니었다.

돌아보면 대부분의 시간에 나 스스로에게 감당할 수 없을 정도로 큰 책임과 의무를 지웠고, 매사에 의욕이 너무 앞서 있었다. 십대 때도 그랬지만 그 정도는 점점 심각해졌다. 누군가 내게 안부를 물으면, 대답에서 거의 빠지지 않는 단어는 '바쁘다'였다. 지난 몇 달 동안 혼자 있을 때면 종종 이렇게 중얼거렸다. "왜 이렇게 살고 있지? 어쩌다 이 지경이 된 걸까? 언제쯤 삶을 잘 관리할 수 있을까? 언제까지 이런 상태를 유지할 수 있을까? 왜 시간을 잘 관리하지 못할까? 왜 이 일을 하겠다고 했을까? 어쩌다 이렇게 바빠졌지?" 계획을 부실하게 세우고 잘못된 결정을 내리는 내 모습이 한심했다. 주간 일정표를 볼 때마다 불평했다. 여러 가지 다른 일들을 하다가 시간이 부족해서 마땅히 해야 할 일들을 대충 처리하기도 했다. 조용히 묵상할 시간을 충분히 가지지 못하고, 자녀들에게는 쉽게 화를 냈다. 아내의 존재를 당연하게 여겼고, 중요한 사람들과 충분히 시간을 가지지 못했다. 너무 바빠서 온 마음과 영혼, 정신과 힘을 다해 하나님을 추구하지 못했다.

한마디로 내 삶은 다른 사람들과 그리 다르지 않았다.

우리의 공통된 경험

"케빈, 다음엔 어떤 책을 준비하고 있어?" 친구들은 종종 내게 이런 질문을 던진다.

"바쁨에 관해 쓰고 있어."

"정말?! 그런데 넌 일정관리를 잘 못하잖아. 이게 너한테 가장 큰 문제인 거로 아는데."

"알아. 그래서 쓰는 거야."

어떤 저자들은 사람들의 지식적 필요를 알기에 책을 쓴다. 또 어떤 자자들은 사람들이 경험해야 할 것을 먼저 해 보았기에 책을 쓴다. 그런데 나는 내가 모르는 것을 알아내고 아직 경험하지 못한 부분에 변화가 필요해서 이 책을 쓰고 있다. 지금까지 여러 책을 썼지만 이 책은 정말 내게 필요해서 쓰고 있다.

이 책에는 내 이야기가 많이 나온다. 내가 힘겹게 싸워온 주제였기 때문에 매우 개인적인 내용으로 쓸 수밖에 없었다. 내 경험이 특별히 공유할 만한 것은 아니지만, 그래도 내가 가장 잘 아는 경험들이기 때문이다. 독자들은 이 책에서 내가 어떤 실수를 하고, 어떤 어려움을 겪었는지 보게 될 것이다. 또한 그 과정에서 내 마음 문제를 이해하는 데 도움을 준 성경적이면서 상식적인 통찰들도 보게 될 것이다.

이렇게 책을 쓰려고 하다 보니 두 가지 이유에서 망설여진다. 따지고 보면 둘 다 내 교만한 마음 때문이다. 한편으로는 지금의 어려움을 끊임없이 정당화하려는 충동을 제쳐두려고 한다. 사실 나의 현실은 글로 표현된 것만큼 나쁘지는 않다. 행복한 결혼생활을 하고 있고, 아이들의 아빠로 살아가는 것도 좋다. 번아웃이 온 것도 아니고, 심각한 과체중도 아니다. 밤에 잠도 잘 자고, 친구들도 있다. 많은 사람이 내 삶을 지켜주고 있다. 누군가의 도움이 필요해서 이 책을 쓰는 것도 아니다.

그렇지만 시간을 사용하는 부분에서 성장하고 싶다. 남은 인생을 지금처럼 바쁘게 살고 싶지는 않다. 솔직히 이렇게 계속 살 수는 없을 것 같다. 아직까지는 내 인생이 통제 불능 상태에 빠지지는 않았지만, 지나치게 빠르게 나빠지고 약간 삐걱대고 있는 것 같기도 하다.

두 번째 이유는 이와는 정반대다. 내가 바쁘다고 이야기하는 것들이 일종의 과시처럼 여겨질까 봐 걱정된다. 내가 앞서 말한 내 인생 이야기를 듣고도 전혀 문제점을 발견하지 못했다면, 당신은 아마도 내가 자랑하려고 그런 이야기를 끄집어냈다고 생각했을 것이다. "컨퍼런스에서 강연하는 것은 좋은 일 아닌가요? 책을 써 달라는 요청을 받는다면 너무 기분 좋을 것 같아요. 목사라니 너무 멋져요. 사람들이 목사라고 쓰인 내 방문을 두드리면 좋겠어요. 그런 행복한 고민을 저희와 나눠주셔서 감사해요."

그런 심정을 이해한다. 어떤 사람들이 바쁘다고 이야기하는 것을 들어보면, 마치 주걱턱을 가진 억만장자 미식축구 선수가 자기 사진을 늘어놓고 불평하는 것처럼 들릴 때가 있다. 내 이야기가, 밀라노 공항이 프라하 공항에 비해 얼마나 열악한지를 말하면서 호응해 주기를 기대하는 누군가의 이야기처럼 들리지 않기를 바란다. 지금 아무리 내 마음을 살펴보아도 바쁘다는 사실을 자랑하려는 의도는 전혀 보이지 않는다. 나를 바쁘게 만드는 여러 일들이 전혀 자랑스럽지 않다. 내게도 물론 교만한 마음이 있다. 그런데 이 바쁨으로 인해 생긴 어려움을 나누는 일과는 아무런 상관이 없다.

게다가 결론부터 이야기하면, 우리는 모두 비슷한 방식으로 바쁘게 살아가고 있다. 지금 이 책을 읽는 당신이 목회자든 부모든 혹은 소아과 의사든 상관없다. 직장에서, 가정에서, 체육관에서, 교회에서, 학교에서, 친구들에게서 심지어는 각종 청구서에도 당신을 향한 온갖 요청과 요구들이 가득 쌓여 있어서 엄청난 압박을 받고 있을 것이다. 물론 어떤 사람은 다른 사람들에 비해 양적으로 더 많이 바쁘거나 혹은 덜 바쁘기도 하다. 그렇지만 이런 사실이 우리가 가진 공통의 경험을 바꿔 놓을 정도는 아니다. 내가 아는 사람들은 거의 다 대부분의 시간을 당황한 채로 압도당하며 살고 있다.

우리 교회에 출석하는 성도들이 그렇고, 전국에 퍼져 있는 내 친구들도 마찬가지다. 나 역시도 같은 처지다. 그래서 내가 이 책을 쓰고 있다.

점점 바빠지는 세상

나는 자기 이름을 "바빠(Busy)"라고 소개하는 여성에 대한 이야기를 들은 적이 있다. 그녀는 타 문화권에서 미국으로 건너왔는데, 처음 미국에 왔을 때 만나는 사람마다 "저는 바빠요(I'm Busy.)."라고 말하는 것을 들었다고 한다. 그래서 이 말이 미국의 전통적인 인사말이라고 생각을 하게 되었고, 사람을 만날 때마다 항상 "안녕하세요, 저는 바빠예요(Hello, I'm Busy.)."라고 자신을 소개하게 되었다는 것이다.

　　이런 소개는 사실 우리 대부분의 모습이다. 그리고 점점 더 많은 사람이 이렇게 되어 가고 있다. 바쁨이라는 주제에 관한 한 사는 곳이 어딘지, 어떤 문화를 가졌는지는 더 이상 중요하지 않다. 물론 지역과 문화에 따라 시간을 이해하는 방식에는 중요한 차이가 있다. 나는 현대화되고 산업화된 문화적 맥락 속에서 서구적 시간관을 전제로 이 책을 쓰고 있다. 그래서 만약 아프리카에서 이런 주제의 책이 나온다면 나와는 다른 견해가 나올 것이고, 내가 놓친 많은 통찰이 나올 수 있다는 것을 안다. 그래서 나는 (문화에 따라 다를 수 있는) 실제적 적용과 (달라지지 않는) 성경적 원칙과 진단을 구분하여 설명하려고 한다. 예를 들어, 우리가 효율성과 시간 엄수를 중요하게 여기는 이유는 이렇게 하는 것이 타인에 대한 존중이라고 여기기 때문이다. 하지만 이런 원칙이 절대적인 미덕은 아니다. 선한 사마리아인의 경우를 보면 이해가 쉬울 것이다.

그러나 우리 모두는 특정한 지역에서 살아가며, 그 지역의 특정한 문화 속에서 살 수밖에 없다. 나 또한 내가 사는 미국 문화 속에서 경험하는 삶의 현실을 다룰 수밖에 없다. 물론 문화적 차이로 인해 이 책의 효과가 반감될 수도 있겠지만 여기서는 서구적 관점을 그대로 유지하는 것이 최선인 것 같다. 이렇게 결정한 이유는 물론 내가 다른 문화권에 대해 잘 다룰 수 없기 때문이기도 하다. 그런데 그보다도, 좋은 방향인지 나쁜 방향인지는 알 수 없지만 이 세상은 점점 더 세계화되고 도시화되고 있으며, 바빠지는 쪽으로 나아가고 있기 때문이다. 물론 다른 많은 문화권에서는 미국처럼 분초를 다툴 만큼 시간에 집착하지는 않는다. 그런데 이런 미국 문화가 지금도 여러 다양한 문화권 속에 들어가 있고, 점점 더 퍼지고 있는 것 또한 현실이다.

내가 읽고 싶은 책

나는 실제로 활용도가 높으면서 신학적으로도 이해가 잘 되는 책을 쓰고 싶다. 내가 이 책을 쓰기로 마음먹은 이유가 바로 그런 책을 읽고 싶었기 때문이다. 나는 여기서 그리스도와의 연합이라든지 종말론적 예표나 제4계명의 해석 역사 등에 대해 깊이 파고들지 않을 것이다. 이런 주제를 다루는 책이 아니기 때문이다. 그렇다고 시간 관리 기법이나 이메일 필터 설정 방법 같은 것을 다루는 책도 아니다. 나는 이세상과 내 마음에서 일어나는 일들을 이해하고 싶다. 도대체 그 속에서 무슨 일이 일어나기에 마주한 현실에 대해 이렇게 생각하게 되는지 이해하고 싶다. 그리고 조금이라도, 정말 약간이라도 그것을 변화시킬 수 있는 방법을 찾고 싶다. 이 두 작업 모두에 신학이 필요하다. 그리고 두 가지 모두가 실제로 잘 활용될 만한 것이기를 바란다.

이 책은 아주 직관적으로 구성되어 있다. 바쁨을 주제로 한 시나 삽화 같은 것은 나오지 않는다. 대신 명확한 목록을 볼 수 있다. 이 책은 숫자 세 개(3, 7, 1)로 기억할 수 있도록 구성했다. 피해야 할 세(3) 가지 위험 요소(2장), 확인해야 할 일곱(7) 가지 진단 기준(3-9장) 그리고 당신이 반드시 해야 할 한(1) 가지 실천 사항(10장)이다. 나는 당신이 반드시 변화될 것이라고 장담할 수 없다. 환불을 보장하지도 않는다. 내 목표는 좀 더 소박하다. 이 책을 통해 약간의 일정 관리 방법, 정신 건강을 되찾을 수 있는 몇 가지 교훈 그리고 당신의 영혼을 돌아보게 해주는 수많은 격려를 얻어 가기를 바란다.

한마디로 말해서 내가 이 책을 쓰면서 찾고자 한 바로 그것을 당신이 이 책을 읽는 동안 발견하게 되기를 바란다.

지나치게 바쁘게 사는 것은
내면에 더 심각한 문제가 있다는 것을
드러내는 신호일 수 있다.

피해야 할

세 가지 위험

열왕기상 20장 끝자락에 오면 이상한 이야기 하나가 등장한다(왕상 20:35-43). 어떤 사람이 과감하게 이스라엘 왕을 꾸짖을 계획을 세운다. 당시에 하나님의 백성은 아람과 전쟁 중이었고, 하나님은 자기 백성이 승리하게 하셨다. 하지만 이스라엘 왕 아합은 사악하고 심술궂고 비겁했다. 하나님께서 아람 왕 벤하닷을 그의 손에 넘겨주셨지만 아합은 벤하닷을 풀어주었다. 벤하닷이 다메섹(아람의 수도)에 아합 왕의 이름을 딴 거리를 만들어 주겠다고 약속했기 때문이다. 아합의 이런 결정이 관대하게 보일 수도 있다. 하지만 아합의 이런 이기적인 작은 거래로 인해 이스라엘은 위험에 빠지게 되었고, 하나님의 명예는 실추되었다.

그러자 선지자 무리 중 한 사람이 왕에게 가까이 다가가기 위해 막 전쟁에서 돌아온 신하처럼 꾸미려는 계획을 세웠다. 이 이름 없는 선지자는 동료 선지자에게 가서 여호와의 명령이니 자신을 때리라고 요청했다. 동료 선지자는 그 요청을 거절했다. 어느 정도 이해가 되는 반응이지만 이로 인해 그는 사자에 물려 죽었다. (그래서 이상한 이야기라는 것이다.) 이 이름 없는 선지자는 다른 동료 선지자에게 제발 자신을 때리라고 다시 요청했고, 그는 즉시 그 선지자를 쳐서 부상을 입혔다.

이제 왕을 만날 준비가 되었다. 자해를 통해 부상자가 된 그는 눈을 가리고 변장한 채로 길에서 왕을 만났다. "저는 방금 전쟁터에서 돌아왔습니다. 왕께 드릴 말씀이 있습니다. 한 병사가 제게 한 남자를 데려와 목숨을 걸고 그를 지키라고 명령했습니다. 그런데 이런저런 일로 정신을 딴 데 판 사이 그 남자가 도망쳤습니다."

이 말은 들은 왕은 진노했다. "네 부주의로 그런 일이 벌어졌으니 목숨을 내놓아야 할 것이다." 그러자 선지자는 붕대를 풀고 자신의 정체를 밝혔다. 그리고 하나님이 죽이려고 했던 벤하닷을 풀어준 왕을 꾸짖었다. 아합은 어리석었다. 아합은 자신이 말한 대로, 이 불순종의 대가로 자신의 목숨을 내놓아야 했다.

이렇게 이상한 이야기를 살펴본 이유는 서로가 서로의 얼굴을 때리라고 부추기려는 것이 아니다. 여기서 내가 주목하려는 것은 선지자가 왕에게 그의 포로가 어떻게 도망쳤는지 설명하는 부분이다. "종이 이리저리 일을 볼 동안에 그가 없어졌나이다(왕상 20:40)." 열왕기상 20장이 바쁨의 문제를 지적하려는 본문이 아니라는 사실은 알고 있다. 그런데 이 말씀을 읽다가 바로 이 40절이 우리 시대의 문제를 정확히 묘사하고 있다는 생각이 들었다. 우리는 여기저기, 온갖 곳을 다 돌아다닌다. 우리는 산만하다. 정신이 딴 데 팔려있다. 눈앞의 일에 집중하지 못하고, 책임을 다하지 못한다. 오만가지 일로 너무 바빠서 정작 가장 중요한 일은 놓치고 있다는 사실을 눈치채지도 못한다.

나는 조급한 사람인가

우리 삶에는 한 가지 문제가 있다. 우리는 보통 아침에 무거운 몸을 겨우 일으켜 세워서 단지 그날 하루를 버텨낼 수 있기를 바라며 일과를 시작한다. 집안이 너무 엉망이 되지만 않기를, 해야 할 일들 중 어느 정도는 해낼 수 있기를, 주위 사람 중 아무도 아프지 않기를, 읽지 않은 메일이 너무 늘어나지 않기를, 점심 식사 후에 몰려오는 식곤증에 시달리지 않기를, 앞으로 열여덟 시간 동안 분주함이라는 괴물을 잘 다뤄서 다음 날을 볼 수 있기를 바라고 또 바라면서 말이다. 섬기는 하루가 아니라 살아남기만을 바라며 그렇게 하루를 시작한다.

팀 체스터는 우리의 '조급증'이 얼마나 심각한지 진단할 수 있는 열두 가지 평가지를 제시한다.[1] 우리 교회 소그룹에서 이 평가지를 다룰 때, 어떤 대답이 나올지 예상해 볼 수 있다. 그리고 실제로 우리가 어떤 식으로 반응할지도 상상이 된다.

1. 정해진 근무 시간보다 하루에 30분 이상 더 일한다.
☞ **이게 왜 문제가 되죠? 저는 할 일이 많아서 더 오래 일할 뿐이에요.**

2. 근무 시간 이후에 업무용 이메일과 문자 메시지를 확인한다.
☞ **진짜로 묻는 거예요? 여보세요, 여기는 21세기예요.**

3. 누군가에게 '얼마나 바쁜지 알기에 귀찮게 하고 싶지 않다'는 말을 들은 적이 있다.
☞ **물론이죠. 저는 그들이 제 시간을 존중해 준다는 사실이 너무 기쁩니다!**

4. 가족이나 친구들이 당신과 함께하는 시간이 적다

고 불평한다.

☞ 음, 불평까지는 아니고요. 그들은 여전히 함께하는 시간의 양보다는 질이 중요하다는 사실을 배우고 있는 중이라고 해두죠.

5. 내일 저녁에 예정에 없던 자유시간이 생긴다면, 그 시간을 업무나 집안일에 사용할 것이다.

☞ 음, 네. 혹시 저에게 그런 시간을 마련해 주실 건가요?

6. 낮에 종종 피로감을 느끼거나, 목이나 등이 뻐근하다.

☞ 에너지 드링크나 진통제로 버티는 거죠. 아무 문제 없습니다.

7. 운전할 때 종종 제한속도보다 빠르게 운전한다.

☞ 감자튀김을 먹으면서 운전하느냐 그냥 하느냐에 따라 달라지죠.

8. 회사에서 제공하는 유연근무 제도를 적절히 이용한다.

☞ 물론이죠. 저는 집에서도 일하고 차에서도 일하고 휴가지에서도 일합니다. 저는 어디에서든지 일할 수 있어요.

9. 정기적으로 자녀를 위해 기도한다.

☞ 아이들이 기도하자고 할 때 거절한 적은 한 번도 없어요.

10. 충분히 시간을 들여 기도한다.

☞ 저는 "쉬지 말고 기도하라."는 성경 말씀을 따르고 있습니다. 언제나 하나님과 교제하고 있기 때문에 기도할 시간을 따로 구별해 놓을 필요가 없답니다.

11. 적극적으로 활동하는 취미생활이 있다.

☞ 유튜브에서 요리 관련 영상 구독하는 것도 포함되나요?

12. 하루에 한 번 이상은 가족들과 함께 식사한다.

☞ **대부분 한 사람이 식사할 때 다른 누군가가 집에 있긴 하지만, 실제로 함께 식사하는 경우는 드물어요.**

내가 느끼는 평범한 하루는 분주한 여름수련회와 동시다발적으로 공연이 이루어지는 서커스 공연 중간 정도 되는 것 같다. 당신도 아마 비슷하게 느낄 것이다. 미국의 평균 주당 근무 시간을 생각해보자. 불과 얼마 전까지만 해도 미래학자들은 다음 세대가 직면할 주요 문제 중 하나가 지나치게 많은 여가 시간일 것이라고 예측했다. 예를 들어 1967년 미국 상원 분과위원회에서 채택한 증언에 따르면 1985년에는 주당 평균 노동 시간이 22시간에 불과할 것이라고 했다.[2]

그러나 현실은 반대로 흘러갔다. 미국인의 연간 노동 시간은 산업화된 나라들 중 가장 많은 축에 속한다. 미국 노동자의 연간 노동 시간은 1967년에서 2000년 사이 평균 1,716시간에서 1,878시간으로 늘어났다.[3] 영국의 노동자들은 독일인이나 이탈리아인에 비해 매일 한 시간 더 일하지만 여전히 미국인보다는 한 시간 정도 적게 일한다.[4] 만일 당신이 일을 좀 적게 하고 싶다면 (석유강국인) 노르웨이를 고려해 보라. 노르웨이 노동자의 노동 시간은 미국인에 비해 연 평균 14주 정도 적다.[5]

복잡함과 기회의 세계

이런 점을 곰곰이 생각해보면 좀 당황스럽다. 미국인들, 서양 사람들, 산업화된 세상에 살고 있는 거의 모든 사람이 이 호화로운 세상에 살면서 왜 이렇게 바쁘게 살아갈까? 어느 한 부분이 부족해서 그럴까? 아니면 우리 스스로 이런 상황을 만들었을까? 우리만 유별나게 삶을 관리하는 데 서투른 세대일까? 어쩌면, 아마도 그럴지도 모르겠다. 그러나 우리가 사는 이 시대는 무언가 독특한 점이 있는 것 같다.

언뜻 보면 우리가 다른 시대, 이를테면 종교개혁기에 살던 이들보다 더 힘들게 사는 것 같지는 않다. 존 칼빈은 실내 화장실이 있는 집에 살아본 적이 없다. 중앙 냉난방 시스템도 당연히 몰랐다. 책이나 편지를 직접 손으로 쓰거나 필경사에게 받아쓰게 해야 했다. 자동차 같은 이동 수단도 없었다. 우리가 당연하게 누리는 편리함을 그는 한 번도 경험하지 못했다. 게다가 평생 병을 안고 살았으며, 일을 너무 많이 했다. 그리고 54세에 세상을 떠났다. 어느 시대건 바쁜 사람들은 항상 있었다.

그런데 한 가지 놓치지 말아야 할 점이 있다. 사람들이 지칠 정도로 바쁘게 살아가는 건 시대에 따라 달라지지 않지만, 16세기 제네바는 지금보다 훨씬 단순했다는 사실이다. 현대화되고 도시화되고 세계화된 오늘날의 세상에는 다른 시대에서는 찾아볼 수 없는 두 가지가 존재한다. 바로 복잡함과 기회다. 이것을 증명하기 위해서 인터넷에 얼마나 많은 정보가 있는지, 편의점에서 우리가 고를 수 있는 컵라면의 종류가 얼마나 많은지에 대한 통계 자료를 제시할 수도 있다. 그런데 그럴 필요가 없다. 지금 세상이 이렇게 돌아간다는 것은 누구나 인정하는 사실이기 때문이다.

우리에게는 어느 시대보다도 더 많은 기회가 열려 있다. 저렴한 비용으로 어디든 갈 수 있게 된 것은 아주 최근에 일어난 발전 덕분이다. 또 어디에 있는 정보든 손쉽게 얻을 수 있게 되었다. 해가 진 이후에 계속 활동할 수 있게 된 것도 최근 일이다. 그 결과는 간단히 한 문장으로 정리할 수 있다. 우리는 많은 일을 할 수 있게 되었기 때문에 많은 일을 하게 되었다. 우리 삶에서 한계가 사라졌다. 원하는 것을 (대부분) 먹고, 원하는 것을 (대부분) 사고, 원하는 것에 (너무 많이) 집착한다. 우리는 평생 살면서 여러 가지 기회들이 기하급수적으로 늘어나는 것을 보고 있다. 어린이를 위한 기회, 성인을 위한 기회, 여가를 즐길 기회, 여행할 기회, 교육의 기회, 교회(또는 다른 교회들)에서 누리는 기회, 지역사회에 봉사할 기회 그리고 세상을 바꿀 기회까지 말이다. 이런 세상에서 바쁘게 살아가는 것은 전혀 놀라운 일이 아니다.

현대 사회는 이렇게 기회가 폭발적으로 증가했을 뿐 아니라 그 복잡함으로 인해 머리가 어지러울 지경이다. 나는 1999년, 보스턴에 있는 신학대학원에 입학했다. 대학은 집에서 가까웠기 때문에 신대원에 와서 처음으로 집을 떠나 혼자 살게 되었다. 수업을 따라가는 것도 힘들었지만, 첫해에 가장 버거웠던 것은 바로 성인이 된다는 의미를 체감하게 된 것이다. 나는 학교에서 받은 읽기와 쓰기 과제를 위해 촘촘하게 계획을 세웠다. 그런데 아무도 생활에 필요한 여러 가지 일들을 위해 계획을 짜라는 말은 해주지 않았다. 변속장치가 고장난 차를 수리하기 위해서 어떻게 해야 하는지 처음으로 알게 되었다. 차를 어디로 어떻게 가져가야 하며, 수리비용은 어떻게 마련해야 하는지에 대해서 말이다. 학자금 대출을 신청하고, 건강보험과 자동차 보험에 가입했다. 은행에 계좌를 개설하고, 세금도 납부했다. 집에 전화기를 설치하고, 미로 같은 안내 음성에 따라 각종 고지서에 적힌 금액을 납부했다. 인터넷 연결도 신청했다. 빨래도 하고, 옷도 개고, 셔츠도 직접 다렸다.[*]

　　다른 청년들처럼 나도 이런 일들을 할 때 가족

---

[*]
물론 이런 일들은 대학 시절에 이미 겪어야 했다는 것도 잘 알고 있다. 하지만 집이 학교와 너무 가까워서 4년 내내 빨래할 일이 없었다.

이나 가까운 친구들의 도움을 받을 수 없는 상황이었다. 이 복잡한 세상에서 성인으로서 마땅히 해야 할 일이 무엇인지 배웠던 그 1년이 지금까지 살면서 가장 당혹스러운 시기였다. 매사에 시간이 필요했다. 내가 가지지 못했던, 계획하지도 않았던 시간 말이다. 얼마나 곤혹스러웠는지, 또 얼마나 고생스러웠는지 모른다.

심지어 그때 배심원으로 선정되기도 했었다.

문제는 내면에 있다

현대인의 생활은 무척 바쁘고 답답하게 느껴질 수 있다. 그런데 진짜로 위험한 것은 물리적이거나 시간적인 불편함이 아니다. 평생 하루 12시간씩, 주 6일을 꾸준히 육체노동을 하더라도 건강상 아무 문제가 없을 수 있다. 오히려 더 건강해질 수도 있다. 그러나 정신적 스트레스는 신체에 엄청나게 부정적인 영향을 끼친다. 업무상 느끼는 스트레스는 대부분 여기 속한다.[6] 분주함으로 받는 스트레스가 신체에

악영향을 끼칠 정도라면 결코 무시해서는 안 된다. 그런데 진짜 심각한 위험은 영적인 데 있다. 정신없이 바쁘면 우리 영혼도 위험해진다. 이런 위험은 몇 가지 나쁜 습관을 고친다고 사라지지 않는다. 이럴 때 영적인 삶을 놓치지 않는 것이 매우 중요하다. 분주함이 초래하는 위험은 점점 더 심각해지고 더 커지고 있다. 우리가 생각하는 것 이상으로 이런 위험에서 자유로운 사람은 거의 없다.

첫째, 분주함은 우리의 기쁨을 망친다. 이것이 우리 영혼에 대한 가장 즉각적이고 분명한 위험이다. 기쁨은 그리스도인의 삶의 증표다(빌 4:4). 그리스도인은 기쁨의 열매를 맺고(갈 5:22, 희락), 기쁨이 충만한 삶을 산다(요 15:11). 그런데 분주함은 이 모든 것을 공격한다. 출퇴근을 하는 노동자들이 전투기 조종사나 시위 진압대보다도 더 많은 스트레스를 받는다는 연구 결과도 있다.[7] 우리가 마주한 현실이 이렇다. 삶이 정신없이 바쁘게 돌아갈 때 우리는 불안, 분노, 조급함, 짜증에 더 쉽게 노출된다.

이 책을 쓰는 동안 내 영혼이 조금씩 회복되는 것을 느낄 수 있었다. 책 내용 때문이 아니라 책을 쓰기 위해 받은 휴가 덕분이었다. 이 기간에 출장, 회의, 계속되는 설교의 압박에서 벗어날 수 있었다. 그러자 자녀들을 대할 때는 인내심이 생겼고, 아내를 대할 때는 보다 사려 깊게 행동할 수 있었다. 하나님께는 더 귀 기울이게 되었다. 사람이 살다 보면 몇 주 혹은 몇 달 동안 제대로 되는 일이 하나도 없는 것 같은 시기를 보내기도 한다. 그때 우리는 아무리 바빠도 기쁨을 유지하기 위해 애써야 한다. 우리에게는 삶을 바쁘게 만드는 쓸데없는 습관들이 있다. 이것 때문에 삶은 더 불행해지고 번잡스러워진다. 그런데 앞으로도 계속 기쁨을 누리기 위해 지금 이런 습관을 없애는 싸움을 싸우는 사람이 거의 없다.

몇 해 전, 나는 기독교 신앙을 가진 의사 리처드 스웬슨이 '여유(margin)'에 대해 설명하는 것을 들은 적이 있다. 물론 이 단어는 기독교에만 있는 독특한 개념은 아니지만 분명히 새겨들어야 할 점이 있다. 스웬슨은 "여유는 우리가 짊어질 수 있는 일의 양과 우리의 한계 사이에 놓인 공간"이라고 설명했다.[8] 여유 시간에 할 일을 계획하는 것은 우리가 해낼 수 없는 일을 계획한다는 말과 같다. 그러므로 유한한 피조물인 우리는 할 수 있는 일의 양이 얼마나 되는지를 확인하고, 그것보다 적게 일하도록 일정을 짜야 한다.

지난 한 해, 내 주간 일정표는 이런 여유가 전혀 고려되지 않았다. 사실은 그보다 더 심각했다. 한계 이상으로 꽉꽉 채워진 일정이었다. 아무런 돌발 상황이 생기지 않더라도 이미 그 자체로도 도저히 해낼 수 있을 것 같지 않게 짜여 있었다. 예정된 회의, 준비해야 할 설교, 보내야 할 이메일, 올려야 할 게시글, 마무리해야 할 프로젝트, 만나야 할 사람들로 가득한 일정표를 보며 모든 일이 예상보다 조금만 더 잘 풀리면 어떻게든 잘 끼워 맞춰질 수 있으리라 기대했다. 그러나 그것을 만족시키는 주간은 없었고, 돌발 상황에 대처할 여유를 전혀 갖지 못했다. 결국 나는 웅크린 채로 괴로워하며 숨가쁘게 일을 해나갈 뿐이었다. 몇 주 전에 계획을 제대로 세우지 못한 나로서는 할 수 있는 최선이 이것밖에 없었다.

어떤 면에서 분주함은 죄와 비슷하다. 우리가 먼저 분주함을 죽이지 않으면 분주함이 우리를 죽인다. 사람들 대부분은 예측가능한 악순환에 빠진다. 먼저 한두 가지 커다란 프로젝트를 진행하면서 어려움을 겪는다. 평소에 하던 일도 버거워지기 시작한다. 계속 이렇게 살면 인생에 다시는 평안이 없겠다는 생각이 들면서 다시는 이렇게 살지 않으리라 다짐한다. 그렇게 이 주 정도 지나면 사는 것은 좀 견딜 만해진다. 이런 악순환이 다시 시작되기 전까지는 이전에 다짐했던 것을 까맣게 잊어버린다. 그리고 인생의 악순환 속에서 기쁨이 없는 불행한 존재로 사는 동안 다른 사람들에게 예민하고 냉랭했다는 사실을 알지 못한다. 분주함은 우리 기쁨만 망치는 것이 아니라 다른 이들의 기쁨까지도 망쳐 놓는다.

둘째, 분주함은 우리 마음을 빼앗는다. 씨를 뿌리는 사람이 씨를 이곳저곳에 뿌렸다. 어떤 씨는 길가에 떨어지니 새들이 와서 그것을 쪼아 먹었다. 어떤 씨는 바위틈에 떨어져서 금방 싹이 나왔지만 해가 뜨자 시들었다. 어떤 씨는 가시덤불 속에 떨어져서 그 기운이 막혀 죽었다. 예수님이 말씀하신 이 비유는 점진적인 진행 과정을 보여준다(막 4:1-20). 먼저 하나님의 말씀이 아무런 역할을 하지 못하는 마음이 있다. 말씀이 뿌려지자마자 사탄이 가져가 버린다. 또 처음에는 하나님의 말씀이 자라는 것 같은데 금방 사라져 버리는 마음이 있다. 그리스도인이 되고자 했던 사람이 핍박과 시련을 만나 그만두게 되는 경우다. 세 번째 땅에서는 말씀이 조금 더 깊숙이 들어간다. 거의 열매를 맺을 수 있을 정도로 싹이 자란다. 좋은 땅처럼 보인다. 새 생명이 뿌리를 내리는 것 같다. 추수할 모든 준비가 갖춰진다. 가시덤불이 오기 전까지는.

존 칼빈은 인간의 마음이 "가시덤불이 우거진 숲"과 같다고 말한다.[9] 이 가시에 대해서 예수님은 구체적으로 두 가지를 말씀하셨다. 하나는 "세상의 염려(막 4:19)"다. 수련회, 단기선교, 여름캠프, 사경회 같은 것들이 우리의 영적 성장에 도움이 되는 이유를 알고 있는가? 이를 위해 다른 일정을 비우게 되기 때문이다. 탈출하는 것이다. 정신없이 살던 일상을 잠시 내려놓고 생각하고 기도하고 예배할 수 있는 시간을 갖기 때문이다.

신앙이 흔들리는 것은 이단에 빠지거나 극단적인 배교 행위 때문이 아니다. 오히려 삶에서 겪는 여러 걱정거리 때문이다. 자동차를 수리해야 한다. 보일러가 고장났다. 아이가 아프다. 아직 세금 신고를 못 했다. 신용카드가 연체되었다. 감사노트 작성이 밀렸다. 어머니에게 수도꼭지를 고쳐드리겠다고 약속했다. 결혼이 미뤄졌다. 이사회가 다가온다. 이력서를 더 보내야 한다. 논문 마감일이 다가온다. 냉장고가 텅 비었다. 청소기를 돌려야 한다. 커튼이 삐뚤어졌다. 세탁기가 계속 덜컹거린다. 우리들 대부분은 이런 인생을 산다. 그런데 이로 인해 우리의 영적인 삶의 기운이 막혀 버린다.

두 번째는 첫 번째 것과 연결된다. 예수님은 무언가에 대한 욕망 때문에 말씀 사역이 방해받는다고 말씀하신다. 소유하는 것 자체는 잘못이 아니다. 그러나 더 많은 것을 소유하기 위해 하는 일이나 이미 소유한 것을 관리하기 위해 하는 일이 문제가 된다. 놀랍게도 지구상에서 가장 스트레스를 많이 받는 사람들은 가장 부유한 나라에 살고 있다. 별장, 보트, 캠핑카, 콘도, 투자, 부동산, 스노모빌, 새 차, 새 집, 새 컴퓨터, 새 물건, 새로운 게임, 새로운 메이크업 방법, 새로운 영화, 새로운 파일, 온갖 새로운 것들. 이런 것들은 다 시간을 잡아먹는다. 우리는 돈의 위험성에 대해 경고하는 설교를 수없이 들어왔다. 하지만 진짜 위험은 돈을 쓴 후에 찾아온다. 일단 소유한 후에는 깨끗하게 유지하고, 계속 작동하도록 하기 위해 가장 최신 기술까지 반영되어야 한다. 세상 염려가 우리를 휩쓸지 않는다면 유지 관리가 우리를 휩쓸 것이다.

예수님은 자신이 무슨 말씀을 하시는지 아신다. 마귀를 대적하고 박해받는 교회를 위해 기도는 반드시 해야 할 일이다. 그런데 예수님은 우리가 피곤에 절여진 채로 사는 것이 복음에 더 치명적이라고 보셨다. 분주함은 총보다 더 많은 그리스도인을 죽인다. 근사한 저녁 식탁과 축구에 대한 관심 때문에 얼마나 많은 설교가 힘을 잃고 있는가? 삶에 찾아온 고통에서 우리는 아무것도 배우지 못하고 그냥 흘려보내고 있지는 않는가? 축구를 하고 학교 과제를 한다는 핑계로 개인 예배와 가정 예배를 자주 건너뛰고 있지는 않은가? 우리는 마음을 지켜야 한다. 하나님의 말씀 씨앗은 가지치기, 곧 휴식과 묵상과 관조의 시간 없이는 잘 자라지 않는다.

셋째, 분주함은 우리 영혼의 부패를 알아채지 못하게 한다. 지나치게 빠른 속도로 삶을 살게 되면 신체적으로나 영적으로 병들 수 있다. 이것은 그렇게 놀라운 이야기가 아니다. 지나치게 바쁜 삶은 이미 질병이 들어와 있다는 신호일 수 있다는 사실을 우리는 자주 놓친다.

2002년부터 신대원에서 함께 공부했던 친구들과 매년 가을이면 모임을 가진다. 고든 콘웰 신대원에서 매주 만나 함께 공부했던 우리 아홉 명은 졸업 후에도 일 년에 한 번씩은 꼭 만나자고 약속했다. 우리는 만날 때마다 많이 먹고, 많이 웃고, 미식축구 경기도 많이 본다. 또 지난 열두 달 동안 경험했던 좋았던 일과 어려움에 대해서도 이야기한다. 몇 해를 반복하다 보니 각자 자주 말하는 주제가 다르다는 것을 발견하게 되었다. 한 친구는 불만족, 또 한 친구는 의욕 상실, 또 다른 친구는 진로 문제, 또 다른 친구는 직장에서 겪는 인간관계에 대해 주로 이야기했다. 우리는 저마다의 고질적인 죄와 예측 가능한 문제를 안고 있었던 것이다. 나의 문제는 분주함이었다. 그래서 내 차례가 되면 친구들은 모두 내가 할 일이 너무 많아서 어떤 일을 줄여야 할지 모르겠다고 이야기할 것으로 예상한다.

다 큰 성인이 해마다 같은 문제로 씨름한다는 말이 다소 걱정스럽게 들릴 수도 있을 것이다. 그러나 각자가 자신이 겪는 어려움에 대해 책임감 있는 자세로 대처하게 되었다는 점에서 긍정적인 면도 있다. 매년 같은 사람이 동일한 문제로 괴로움을 겪고 있다면 진짜 문제는 내면에 있을 수도 있겠다고 깨닫게 되었다. 동일한 문제로 자주 압박을 받는다면 그것을 통해 깨닫는 점이 있을 것이다. 이로 인해 자기 자신에 대해 알아야 할 점은 무엇인가? 성경의 약속들 중 믿지 못한 것은 무엇인가? 하나님이 주신 계명 중에 내가 무시하고 있는 것은 무엇인가? 자기 자신에게 부과한 의무 중 지키는 것이 해가 되는데도 여전히 가지고 있는 것은 무엇인가? 영혼의 상태가 어떻기에 매년 분주함이 해결해야 할 가장 큰 도전 과제로 떠오르는가?

　　지나치게 바쁘게 살고 있다면, 그것은 내면에 더 심각한 문제가 있다는 것을 드러내는 신호일 수 있다. 모두에게 칭찬을 받고 싶은 마음, 과도한 욕망, 무의미한 삶에 대한 불안 같은 것들 말이다. 팀 크라이더는 〈뉴욕 타임스〉에 실린 "'분주함'의 함정"이라는 제목의 기고문에서 이렇게 말한다. "분주함은 우리에게 일종의 실존적 안도감을 주고, 공허함에 대한 울타리 역할을 한다. 당신이 하루 종일 매시간 너무 바빠서 도저히 짬을 낼 수 없는 상황에 처해 있다면, 당신의 삶이 어리석다거나 하찮다거나 무의미하다고 생각할 수는 없을 것이다."[10] 지나치게 바쁘게 지내다 보면 중요한 문제나 더 큰 위험이 다가오는 것을 인식하거나 돌아볼 여유를 가질 수 없다. 어쩌면 이런 점이 분주함이 주는 가장 심각한 문제일 것이다.

바쁘게 산다고 해서, 우리가 신실하다거나 열매 맺는 그리스도인이라는 것을 의미하지는 않는다. 그냥 다른 사람들처럼 바쁘다는 것을 의미할 뿐이다. 그리고 다른 사람들처럼 기쁨과 마음, 영혼이 위험에 처해 있다는 뜻이기도 하다. 우리에게는, 우리를 자유하게 해줄 하나님의 말씀이 필요하다. 우리를 바로잡아줄 성경의 지혜가 필요하다. 지나친 일정으로 병들어버린 영혼을 치료해줄 최고의 의사가 필요하다.

약속을 잡을 시간만 낼 수 있다면.

선한 일을 하려고 하는가
아니면 선하게 보이려고 하는가

천의 얼굴을 가진

악당

진단 #1.
교만은 여러 모습으로 나타난다

작가마다 글을 쓰는 자기만의 정해진 규칙이 있는 것 같다. 나는 다음 쓸 책이 정해지면 일 년 전부터 관련된 책들을 읽기 시작한다. 신문 기사와 블로그 게시물도 수집한다. 떠오르는 생각도 틈틈이 메모한다. 보통 20권에서 25권정도 책을 읽고 나면 글쓰기를 시작한다. 이 책을 준비하면서도 리더십, 시간 관리, 과학기술, 안식일과 관련된 책들을 읽었다. 그리스도인이 쓴 책도 있었고 아닌 것도 있었다. 대부분은 도움이 되었다.

　그런데 모든 책이 도움이 되는 것은 아니다.《타

임 워리어》라는 책이 괜찮아 보여서 읽기 시작했는데, 아마존 평점 때문이었는지 아니면 제이 아담스(나중에서야 내가 아는 제이 아담스가 아니라는 것을 알았다)의 추천사 때문이었는지는 모르겠다. 아무튼 시간 관리에 대한 실용적인 조언을 얻고자 이 책을 주문했다.[1] 이 책의 출판사 서문에는 이런 말이 나온다.

이 책에 나오는 101가지 챕터의 여정을 마치고 나면, 평범하고 선형적인 시간 인식의 기본 소재가 타임 워리어의 비선형적 비전이라는 황금으로 변하게 될 것이다. 이 강력하고 새로운 사고방식을 익히고 나면, 옛날처럼 시간의 뒤를 쫓아다니며 여러 일을 동시에 처리하느라 전전긍긍하며 시간의 노예로 살던 시간은 기억에서 곧 잊힐 것이다.[2]

그렇다. 내가 할 일은 시간 인식의 기본 소재를 변환하는 것뿐이다. 그러면 아무 문제없이 잘 될 것이다. 실제로 내가 이 책의 핵심을 분명하게 이해하고 있는지는 잘 모르겠지만, 기억나는 부분은 긍정적 사고를 하고, 자기 확신을 가지고, 지금 즉시 실행하고, "미루는 습관을 없애는"[3] 등의 멋진 일을 하라는 것 정도 밖에는 없다.

　서점에 가면 분주함의 문제를 해결하기 위해 혁신적이면서 새로운 방법을 알려준다고 약속하는 책은 이 책 말고도 수두룩하다. 각자의 인생을 완전히 바꿀 수 있는 오랫동안 잊혔던 비밀을 배우고 싶지 않은 사람이 어디 있겠는가? 그런데 우리는 인생이 그렇게 돌아가지 않는다는 사실을 이미 알고 있다. 변화는 그리 간단하지 않고, 문제 또한 그렇게 빨리 해결되지도 않는다. 특히나 그리스도인은 이런 점에 대해 더 잘 알고 있어야 한다. 그리스도인은 이 문제의 본질이 각자의 일정 관리나 세상의 복잡함에 있지 않고 우리 안에 뭔가 잘못된 것이 있다는 것을 깊이 이해하고 살아가는 존재이기 때문이다. 이런 혼돈은 최소한 부분적으로는 자기 자신이 만든 것이다. 일상생활의 무질서는 우리 마음 속 깊은 곳의 무질서 때문에 생긴다. 자기 자신이 마땅히 가져야 할 모습을 잃었기 때문에 그 주변부도 마땅히 가져야 할 질서를 잃어버렸다. 그러므로 분주함을 이해하기 위해서는 다른 많은 죄를 낳는 한 가지 죄, 교만(pride)에서 시작해야 한다.

교만의 여러 얼굴

교만은 미묘하고 다양한 모습으로 나타난다. 우리 마음에는 우리가 생각하는 것보다 더 많은 교만이 도사리고 있다. 바쁘게 살아가느라 인식하지 못할 때에도 교만은 계속 흘러나온다. 교만은 천의 얼굴을 가진 악당이다.

호감형 되기. 우리는 너무 많은 일을 하려고 해서 바쁘다. 많은 사람의 요청을 들어주려고 하다 보니 과도하게 일하게 된다. 우리는 사람들에게 좋은 인상을 주기 원하고, 비호감으로 보일까봐 두려워한다. 그래서 다른 사람의 요청을 들어준다. 친절하게 대하는 것은 잘못이 아니다. 사실 종의 자세는 그리스도인의 표지다. 하지만 사람에게 호감을 받으려 하는 것은 다른 문제다. 똑같이 자원봉사를 하더라도 다른 사람을 사랑해서 하는 것과 호감을 얻기 위해 하는 것은 많이 다르다. 우리는 많은 경우 사람들의 기대에 부응하려고 바쁘게 산다. 우리가 세상에서 가장 좋은 사람이라는 명성을 얻게 된다면, 그것은 마음의 작동 원리가 세상에서 가장 좋은 사람이 되는 것임을 나타낸다. 호감형이 되려고 애쓰는 것은 교만이 드러나는 한 형태고, 따라서 죄다. (다른 사람들의 호불호에 따라 살기도 하고 죽기도 하는) 이런 삶은 비참하다. (다른 사람들의 호감을 얻기 위해 힘과 시간을 쓰고 남는 것만) 가까운 이들에게 (쓰다 보니 그들에게) 상처를 주기도 한다. 사람들은 종종 이런 사람을 가리켜 자존감이 낮다고 이야기하지만, 사실 사람들의 호감을 얻고자 하는 이런 행동은 교만과 나르시시즘의 한 형태일 뿐이다.

인정 욕구. 여기에서 교만이 가장 분명하게 드러난다. 인정받기 위해 사는 것은 호감형과 비슷하지만 그 동기가 다르다. 호감형이 되려는 이유가 두려움 때문이라면 인정 욕구는 찬사를 듣고 싶은 열망 때문이다. "이 추가 업무를 내가 해내면, 사무실 사람들이 나를 영웅처럼 대하겠지." 이런 찬사를 받을 수만 있다면 가족, 교회, 주님과의 동행과 같은 것들은 아무래도 상관없다는 마음이다.

과대평가. 우리는 스스로의 능력을 과대평가하는 경향이 있다. 대부분의 학생들이 자신의 능력이 평균 이상이라고 평가한다는 연구 결과가 지속적으로 보고되고 있다. 대다수의 직장인들은 자신을 최고 사원이라고 여기며, 많은 목사가 자신을 뛰어난 설교자라고 생각한다. 자기 자신을 대단하게 보기 때문에 자신의 중요성을 지나치게 높게 평가한다. 우리는 "내가 이 일을 하지 않으면 할 사람이 없어. 모든 게 나에게 달렸어."라고 생각한다. 하지만 진실은, 우리가 "아니오."라고 말할 때까지만 없어서는 안 될 존재다. 우리 각자는 특별한 존재고, 각자에게 주어진 재능은 소중하다. 사람들이 당신을 사랑한다는 것은 사실이다. 그렇다고 해서 당신만이 유일하게 그 일을 할 수 있는 사람인 것은 아니다.

어느 여름, 나는 안식년을 가진 적이 있다. 안식년을 마치고 교회에 돌아와서 내가 없는 동안 교회가 얼마나 잘 돌아갔는지, 다른 목사님들이 얼마나 훌륭하게 설교를 하셨는지에 대한 극찬을 들었다. 양떼의 목자로서 당연히 듣기 원했던 소식이었다. 그러나 죄인으로서는 이것에 적응하는 데 조금 시간이 걸렸다. 어쩌면 나의 부재로 교회가 엉망이 되었다는 소식을 들었다면 한결 마음이 편했을 것 같기도 하다.

소유욕. 우리는 돈을 벌기 위해 일하고, 돈을 쓰기 위해 번다. 우리는 더 많이 가지려고 바쁘게 살아간다. 새 소파나 새집을 원하는 것은 잘못이 아니다. 문제는 자신이 가진 소유 때문에 교만해질 때 찾아온다. 구체적으로 말하자면 교만한 사람은 하나님을 믿는 일보다 자신이 가진 소유에 문제가 생기는 일에 더 민감하다. 온 세상을 얻는다고 해도 장차 올 세상을 준비하지 못한다면 무슨 유익이 있겠는가?

자기 증명. 하나님은 우리가 소망을 갖는 것에 반대하지 않으신다. 사실 많은 그리스도인에게는 소망이 불러일으키는 주도성, 용기, 근면함이 부족하다. 그런데 자기 자신의 영광을 위한 소망과 하나님의 영광을 위한 소망을 혼동해서는 안 된다. 우리 중 몇몇은 쉬지 않고 노력하는데, 부모님이나 전 여자 친구 혹은 고등학교 코치에게 자신을 증명하기 위해서일 때가 많다.

동정심. 솔직히 말해서 바쁘게 살면 사람들에게 동정을 받을 수 있다. 반면에 우리가 삶을 잘 관리하고 있다면 다른 사람들에게 별다른 인상을 심어 줄 수 없을 것이고, 그들은 우리가 짊어진 것들에 그리 주목하지 않을 것이다. 게다가 우리 중 많은 사람이 자신이 바쁘다는 사실에 자부심을 느낀다. 또 사람들이 우리가 책임져야 할 것들이 얼마나 많은지를 보고 공감해 주는 것을 즐긴다.

과욕. 나는 사역을 하면서 업무를 다른 사람에게 거의 위임하지 못했다. 교만한 마음 때문에 다른 사람이 내 대신 설교하게 두지 못했다. 내가 있어야 할 자리에 다른 사람이 서서 인도하는 모습을 보는 것이 걱정되었을지도 모르겠다. 이 때문에 매주 감당하기 어려울 정도의 일정을 소화했고, 그로 인해 가족들이 많은 희생을 했다. 나는 내 영혼과 가족, 교회를 돌보기 위한 최선의 계획이 아니라 교만한 마음에 따라 계획을 짰던 것이다.

권력. "내가 가진 권한을 뺏길 수는 없어. 그러니 바쁘게 지내는 수밖에 없어."

완벽주의. "실수해서는 안 돼. 그러니 긴장을 풀수 없어."

지위. "지나치게 일이 많은 것은 맞아. 하지만 이 자리에 있는 사람이라면 마땅히 이 정도 일은 해내야 해."

명성. "나를 몰아세워가며 열심히 일하면 언젠가는 인정받게 될 거야. 반드시 중요한 인물이 되겠어. 꼭 해내고 말 거야." 정말 어처구니없는 말이다. 결코 만족할 수 없을 것이다. 꿈을 하나도 이루지 못하는 것보다 훨씬 더 나쁜 것은 바로 꿈을 전부 이루는 것이다. 우리는 우리가 꾸는 꿈보다 훨씬 더 커다란 존재로 이 땅에 왔기 때문이다. 그런데 온 세상이 우리를 알게 된다고 해도 하나님이 알아보지 못하시면 그게 다 무슨 소용인가?

소셜미디어. 솔직히 말해서 소셜미디어가 이렇

게 널리 퍼지게 된 데에는 교만이 자리하고 있다. 나도 종종 스스로에게 이렇게 묻곤 한다. "나는 왜 블로그를 하는가? 왜 페이스북을 하는가? 이름을 알리고 명성을 얻기 위해서인가?" 팔로워 수의 많고 적음과 상관없이 소셜미디어는 자신의 영광을 위한 전초기지가 될 수 있다. 지금 내가 겪고 있는 어려움은 내가 몇 시간 혹은 며칠, 수 주 동안 게시글을 올리지 않는다면 사람들이 나에 대해 어떻게 생각할까 하는 두려움이다. 단 한 번도 만나본 적이 없는 수백, 수천 명의 사람들을 실망시키지 않기 위해 밤새 일을 한다. 그러면서 돌보아야 할 소수의 사람들과의 저녁 시간을 망쳐 버린다.

한 마디로 우리가 바쁘게 된 원인 중에 가장 큰 지분을 차지하는 것은 교만이다.

악덕과 미덕 사이

그렇다면 교만한 사람이 되지 않기 위해서 무례하고 나태한 사람이 되어야 할까? 물론 다른 사람의 말에는 신경 쓰지 않고 아무런 포부 없이 사는 것을 두고 자존심을 내려놓은 삶이라고 말하는 사람들도 있다. 하지만 현실은 이렇게 호락호락하지 않다. '사람들의 요구를 모두 거절하면 된다', '누군가에게 호감을 사는 일을 거부하면 된다'와 같은 단순한 방식으로 분주함을 길들일 수는 없다. 현실에 적용하는 것은 생각보다 까다롭다. 다음과 같은 질문을 생각해보자.

- 아내의 부탁을 들어주기 위해 30분의 시간을 낸다면, 이것은 사람에게 호감을 구하는 일일까, 좋은 남편이 되는 일일까? 아내 대신 친구가 부탁하는 경우라면 어떨까? 전혀 모르는 사람이 부탁하는 경우는 어떨까?

- 나에게 사람들의 기대에 부응하기를 좋아하는 마음이 있다면, 이것은 나를 노예로 만드는 일인가 아니면 종과 같이 겸손한 사람이라는 의미인가?

- 어떤 친구가 내게 무언가를 부탁할 때, 이 친구가 전에 내 부탁을 들어주었는지 여부를 고려해야 하는가?

- 약속을 지키기 위해 나의 휴식이나 사랑하는 이들의 휴식을 희생하는 것이 옳은 경우는 언제인가?
- 완벽주의가 잘못이라면 탁월함을 갖추기 위해 하는 노력도 그릇된 것인가?
- 일하는 분야에서 요구하는 수준이나 문화적으로 기대하는 요구는 신경 쓰지 않아도 된다는 말인가?
- 다른 사람의 생각은 전혀 고려하지 않고 내가 원하는 대로 행동하는 것이 가장 안전한 방법인가?

위의 질문을 통해서 알 수 있듯이 무엇이 교만인지를 판정하는 것은 쉬운 일이 아니다. 분명한 것은 우리는 어느 정도 교만 때문에 바쁘게 살고 있다. 그러나 우리의 모든 분주함이 교만의 직접적인 결과라는 의미는 아니다. 위에 지적한 교만이 나타나는 열두 가지 모습을 조금만 수정하면 악덕은 미덕으로 바뀔 수 있다. 사람에게 호감을 사려는 행동은 이웃을 내 몸과 같이 사랑하는 행동이 될 수 있다. 과욕을 부리는 행동은 다른 사람을 위해 기꺼이 희생하는 행동이 될 수 있다. 자신의 위치에서 마땅히 해야 한다고 생각하는 행동을 하는 것은 자기에게 주어진 소명에 대한 사명감일 수 있다. 그렇다면 우리가 교만 때문에 정신없이 바쁜지 아니면 더 고상한 이유로 바쁜지를 어떻게 구분할 수 있는가?

누구를 섬기고 있는가

나는 이 질문에 대해 어느 경우에나 예외 없이 적용되는 답을 줄 수는 없다. 다만 하나님은 지혜와 분별력과 좋은 친구들로 하여금 때마다 우리 마음을 잘 헤아리도록 도와주신다. 여기서 나는, 스스로 내 마음을 진단할 때 도움이 되었던 질문 하나를 제안하고 싶다. 내가 하려는 일이 다른 사람의 호감을 사려는 것인지, 나를 돋보이게 만들려는 교만인지, 순수하게 다른 사람을 섬기려는 것인지 분별하려고 할 때 스스로에게 이 질문을 던진다. '**선한 일을 하려고 하는가 아니면 선하게 보이려고 하는가?**'

당연히 이 질문으로 모든 문제를 해결할 수는 없다. 우리는 여전히 사랑하는 사람들을 위해 지나치게 바쁠 수 있다. 그리고 누군가를 만나고 어떤 일에 참여하게 되는 이유를 완전히 파악하는 것은 불가능하다. 내가 제시한 질문 그 자체로 분별의 척도가 되지는 않는다. 그러나 시작점은 될 수 있다.

만약 딸이 운동하고 있는 축구 클럽에서 코치를 맡아 달라는 요청을 받았다고 가정해보자. 정말 하고 싶지 않았고 이미 일정이 꽉 차 있었지만 마지못해 승낙했다면 이것은 좋은 선택인가, 나쁜 선택인가? 경우에 따라 다르다. 딸과 더 많은 시간을 보내고 싶고 딸의 친구들을 돕고 싶은 마음에 불편을 감수하고 승낙했을 수도 있다. 반면에 사람들을 실망시키고 싶지 않고, 거절하지 못해서 승낙했을 수도 있다. 즉 다른 사람에게 좋은 사람으로 보이고 싶은 마음에 할 일을 하나 더 만든 것일 수도 있다. 이 질문을 스스로에게 던져 보라. 나는 지금 나를 섬기고 있는가 아니면 다른 사람을 섬기고 있는가? 이렇게 승낙하는 것은 겉으로 다른 사람을 섬기는 것처럼 보인다. 하지만 실제로는 나를 섬기고 있을 때가 많다.

이번에는 상처받은 사람들을 돕는 방식에 대해 생각해보자. 우리 주변에는 늘 자신이 충분한 관심을 받지 못한다고 여기며 지속적으로 도움을 요구하는 사람들이 있다. 일반적으로 사람들은, 처음에는 열정적으로 이들을 돕고자 한다. 하지만 그들의 요구가 점점 커지면서 이 관계에서 자유로워질 수 없다는 절망에 빠진다. 그러면서 처음에 돕고자 했던 이들을 원망하기 시작한다. 그 와중에도 도와달라는 요청은 계속된다. 이 일이 아니더라도 충분히 바쁜 사람들은 이럴 때 어떻게 해야 하는가?

즉시 모든 연락을 끊을 수도 있고, 그 사람을 머릿속에서 지워 버릴 수도 있다. 하지만 그것은 우리에게만 이익이 될 뿐이다. 반대로 이 친구의 요청을 계속 들어줄 수도 있다. 그런데 이렇게 하는 것은 사실 그 친구에게 실질적으로 도움이 되지 않는다. 이렇게 하면 우리가 멋져 보이고 고상해 보일 수는 있지만, 계속해서 타인에게 의존하려는 그 친구의 문제는 그냥 내버려두게 된다. 아마도 그 친구는 이렇게 지쳐서 떠나가는 사람들을 많이 겪었을 것이다.

이런 경우에 이 친구에게 가장 필요하고 가장 잘 도울 수 있는 길은 도와줄 수 있는 일과 그렇지 않은 일이 무엇인지 분명하고 솔직하게 말해 주는 것이다. 이렇게 하는 것이 얼마나 어려운지 잘 안다. 하지만 이 친구를 위해 봉사하면서 자신의 시간도 확보할 수 있는 방법이라는 것은 분명하다.

마지막으로 조금 다른 예를 들어보겠다. 내가 처음에 제안했던 질문은 이것이었다. 선한 일을 하려고 하는가 아니면 선하게 보이려고 하는가? 이 질문을 통해 우리가 친구를 대접하는 방식이 어떻게 성화되는지 살펴보자.

손님을 집으로 초대하는 것은 아주 훌륭한 은사(다만 교회에서 잘 훈련시키지는 않는)다. 그런데 우리는 환대의 핵심이 무엇인지 쉽게 잊는다. 이렇게 생각해 보자. 좋은 환대(hospital-ity)는 집을 병원(hospital)으로 만드는 것이다. 친구나 가족, 상처받고 지친 사람들이 우리 집에 와서 도움을 받고 재충전해서 돌아가는 것이다. 그런데 요즘은 집으로 손님을 초대하는 일이 집주인이나 손님 모두에게 스트레스가 되는 일이 많다. 집에 찾아온 손님을 편안하게 해주는 것이 아니라 음식 맛이 별로일 거라고, 집안이 엉망이라고, 아이들이 버릇없이 행동해서 미안하다는 등의 말로 손님을 불안하게 한다. 선한 일을 하는 것보다 선하게 보이는 데 더 신경을 쓰기 때문에 쓸데없이 많이 일하고 미친듯이 바쁘게 산다. 그래서 집에 손님을 초대해놓고서는 집주인이 손님들을 격려하는 것이 아니라 도리어 손님들이 끊임없이 괜찮다고 집주인을 안심시키고 격려해야 하는 부담을 느끼게 된다. 손님을 초대하고 준비하는 일에 시간을 들이는 것은 당연하지만, 거기에 너무 매몰되어서는 안 된다. 기독교적 환대는 음식보다 친목이 훨씬 더 중요하다. 배려와 부담은 종이 한 장 차이다. 많은 것을 준비하지 않았어도 더 좋은 결과를 가져오기도 한다.

　　가끔은 바쁜 것도 괜찮다. 자신의 시간을 내주지 않고서 다른 사람을 사랑하고 섬길 수는 없다. 그러니 열심히 섬기고, 오랫동안 섬기고, 자주 섬기라. 다만 이 일이 자신을 위한 것이 되어서는 안 된다.

우리의 교만을 살찌우는 일이 아니라 다른 사람들을
살찌우는 일이어야 한다.

우리 모두에겐
짊어져야 할 십자가가 있다.
그것은 예수님을 위해
모든 일을 해야 한다는
십자가가 아니라
예수님을 따르기 위해
무엇이든 할 수 있다는 십자가다.

과도한

의무감

진단 #2.
하나님이 기대하시지 않는 일에 매달린다

내가 신대원에서 얼마나 바쁘게 생활하며 어떤 일들을 했는지는 이미 이야기했다. 그러나 정작 하고 싶었지만 시간이 없어서 할 수 없었던 좋은 일들에 대해서는 말하지 않았다. 신대원 시절은 무척 즐거웠다. 좋은 친구들을 사귀었고 좋은 책들을 읽었다. 생각보다 마리오 카트 게임을 많이 했던 기억이 난다. 참 멋진 시절이었다. 하지만 일에 많이 눌려 있기도 했었다. 하고 있던 일 때문에도 그렇지만 할 수 있을 것 같은데 하지 못하는 일들 때문이었다.

고등학교와 대학교 때도 그랬지만, 신대원에서

04 과도한 의무감

는 '좋은 그리스도인이라면 꼭 해야 할' 기회들이 널려 있었다. 최선을 다했음에도 모든 채플에 참여할 수는 없었다. 모든 특강을 다 듣지도 못했다. 참여하지 못하는 경배와 찬양 집회나 신학 심포지엄도 많았다. 전도위원회에서 개최하는 행사에도 거의 참여하지 못했다. 한번은 핼러윈에 세일럼(1692년 마녀재판으로 악명 높아진 매사추세츠 주의 작은 마을로, 매년 핼러윈 시즌에 많은 관광객이 방문한다. _옮긴이)에 전도하러 간 적이 있었는데, 그곳에서 만난 술취한 마녀 복장을 한 사람들에게 복음을 제대로 전하지 못한 것 때문에 죄책감이 들었다.

신대원 때 기도 모임에도 많이 참석하려고 했었지만, 몇몇 친구들은 나보다 배 이상으로 많이 참석했다. 10/40 창 지역의 선교에도 관심이 많았는데, 이미 그곳에 선교를 다녀온 친구들에 비할 수는 없었다. 청소년 사역이 중요하다는 것은 알고 있었지만, 어떤 친구들처럼 위기에 처한 청소년들을 돕기 위해 내 인생을 바치지는 못했다. 당시 내 앞에 여러 좋은 생각과 계획들이 놓여 있었지만, 나는 거기에 충분한 열정을 쏟을 수 없었다. 이 모든 좋은 일들을 위해 꾸준히 기도하는 것도 버거웠다. 내 안에는 잃어버린 영혼들과 열방, 하나님의 영광을 위해 필요한 모든 것을 할 수 있는 영적인 힘이 결핍된 것 같았다.

하나님을 위해 더 많이

물론 우리 중에는 예수님께 더 헌신해야 할 필요가 있는 나태한 사람들이 있다. 많은 사람이 자신의 것을 내어놓는 것에 인색하고, 휴대폰을 들여다보느라 너무 많은 시간을 허비한다. 교회 안에도 아무것도 하지 않으려는 그리스도인들이 많다. 더 이상 인생을 낭비하지 않도록 도전을 받아야 하는 것은 분명하다. 우리에게 모든 것을 걸고 인생을 소중히 여기라고 도전하는 설교자와 저자들에게 진심으로 감사한다. 지금 잠자고 있는 많은 그리스도인에게 경종을 울릴 필요가 있다.

그런데 우리 중에는 나처럼 쉽게 책임감을 느끼는 사람, 더 많이 헌신하지 못했다는 자책감에 괴로

위하는 사람도 있다. 나는 초등학생 때부터 선생님의 모든 질문에 대답할 준비가 되어 있었다. 신청 제안이 들어온 활동에는 전부 등록했다. 만약을 대비해 필요 이상의 학점을 받았다. 대학에서는 강의를 빼먹은 적이 없었고, 부득이하게 채플에 빠지는 날에는 괴로웠다. 보통 ACT(American College Test)의 모의고사가 본 시험 1년 전에 이루어지는데, 나는 이 모의고사를 실제 ACT가 있기 2년 전에 치렀다. 교만함, 근면함, 성격 등 다양한 요소가 영향을 미쳐서 모든 기회를 의무처럼 여겼다.

나뿐만이 아니라 진실한 마음으로 하나님께 순종하기 위해 몹시 바쁘게 사는 그리스도인들이 분명히 많이 있다. 우리는 더 많이 기도하지 않는다고 책망하는 설교를 듣는다. 세계의 기아 문제를 해결하기 위해 더 많은 일을 하자고 요청하는 책을 읽는다. 더 많이 베풀고, 더 많이 읽고, 더 많이 전도하라고 격려하는 친구들과 대화한다. 이 모든 것들이 다 필요하고 시급해 보인다. 일할 사람이 너무 적어 보인다. 우리가 아니면 누가 나서겠는가? 참여하고 싶고, 변화를 이끌어내고 싶고, 우리에게 기대되는 일을 하고 싶다. 하지만 도저히 그렇게 할 시간이 없어 보인다.

좋은 일과 해야 할 일

성경은 방대한 책이고, 그 안에 정말 많은 내용이 들어 있다. 가난, 결혼, 기도, 복음, 선교, 정의 등 다양한 주제들에 대해 많은 것을 말한다. 거의 모든 그리스도인은 자기 일이 가장 중요하거나 적어도 가장 중요한 일 중에 하나가 되어야 한다고 생각한다. 설교자나 리더 또는 오랫동안 신앙생활을 한 신자들은 매사에 '더 많이' 하기를 원한다. 더 많이 기도하고, 더 많이 기부하고, 더 많이 환대하고, 더 많이 신앙을 나누고, 더 많이 성경을 읽고, 더 많이 봉사해야 한다는 식이다. 내가 A형에 좌뇌형, 일벌레에 ESTJ에 좋은 목회자가 되고 싶은 인정욕구를 가진 죄인이기 때문인지는 몰라도 '더 많이' 하라는 명령을 들으면 꼭 해야 한다는 부담감이 생긴다. 그래서 그런지 '하지 말라'는 계명은 왠지 수월하게 느껴진다. "살인하지 말라."는 계명은 사실 진지하게 생각하면 따르기가 어려운 말씀이다(마 5:21-26 참조). 그런데 이 여섯째 계명은 할 일 목록에 넣을 필요가 없지 않은가. 이 계명을 지키기 위해 비영리 단체를 시작할 필요도 없고, 가족과의 저녁식사에 빠질 필요도 없다. 그저 육체의 행실을 죽이고, 나는 죽고 그리스도로 살기만 하면 되지 않는가!

살인하지 말라, 간음하지 말라, 하나님의 이름을 망령되이 부르지 말라는 계명을 지키는 것은 결코 쉽지 않다. 하지만 이 계명들에 짓눌리지는 않는다. 오히려 전 세계 에이즈 위기에 대처하고, 노숙자 문제를 해결하고, 빈곤한 마을에 식수를 공급하는 일 같은 것들이 나를 짓눌렀다. 목회를 하려고 했을 때 다음과 같은 조언을 들었다. "매주 몇 시간씩은 꼭 상담하는 데 써라, 매주 리더를 기르기 위해 시간을 내라, 매주 일대일 제자양육을 하라, 매주 몇 시간은 전도하는 데 써라, 매주 최소 반나절은 독서를 하라, 매주 헬라어와 히브리어를 공부하라." 이것들을 다 할 만큼 충분한 시간을 가진 사람이 있을까?

인권 문제나 지역 사회를 위해 봉사하는 일에 대해서는 아직 꺼내지도 않았다. 성경은 '고아와 과부'에 대해 많이 언급하고 있다. 그렇다면 난 어떻게 해야 할까? 어디서부터 시작해야 할까? 시간은 어떻게 확보할 수 있을까? 모든 의무를 다 감당할 수 있을까? 나는 다섯 자녀를 양육하고, 아침에 출근하여 저녁에 퇴근한다. 내 소유를 베푸는 데 인색하지 않으려고 노력하고, 기회가 되는 대로 신앙을 나누려고 한다. 가족에게 헌신하려고 하며, 격주로 아내와 시간을 보내려고 애쓴다. 동시에 언제든지 교회에서 필요로 하는 일을 할 준비가 되어 있으며, 가난한 이들이나 잃어버린 이들을 위해 기도하려고 애쓴다. 그런데 하나님이 이런 내게 지금 바로 성매매와 관련된 문제 해결을 위해서도 무언가를 요구하실 수도 있지 않을까?

압박감 다스리기

어쩌면 당신은 나를 완전히 미친 사람이라고 생각해

서, 먼저 나부터 치료를 받으라고 말할 지도 모르겠다. 그전에 한 가지만 말하자면, 나는 복음을 이해하는 사람이다. 내가 어떤 일을 해야 하고 또 어떤 일을 했어야 했다고 나누었던 말들이 건강하지 않다는 것을 분명히 알고 있다. 그리고 지금 나는 정말로 잘 지내고 있다. 쇠약해지지도 않았고, 탈진 직전에 놓여 있지도 않다. 내가 모든 것을 책임져야 한다는 압박감 속에 살고 있지도 않다. 하지 못한 일들 때문에 자주 죄책감에 빠지는 것도 아니다.

그런데 내면이 이렇게 편안해지기까지 일련의 과정이 필요했다. 대부분의 그리스도인은 더 많은 일을 해야 한다는 긴급한 요청을 듣거나 혹은 이미 내면에서 느끼고 있을 때 자신이 충분히 하고 있지 않다는 죄책감을 안고 살아가는 법을 배우는 것 같다. 항상 더 많이 기도하고, 더 많이 헌금하고, 더 많이 전도할 수 있다고 생각하기 때문에 자신에 대한 가벼운 실망감 속에서 사는 데 익숙하다. 사도 바울은 그렇게 살지 않았고(고전 4:4), 하나님도 우리가 그렇게 살기를 원하지 않으신다(롬 12:1-2).[1] 탐욕,

이기심, 우상 숭배와 같은 죄를 짓고 있다면 회개하고 용서받고 변화해야 한다. 그런데 지금 다루는 문제는 조금 다르다. 나는 오랜 시간 많은 성찰과 시행착오를 겪으면서, 선한 동기를 가지고 행하는 선한 일에 대해 '더 많이 하지 않으면 불순종'이라는 식으로 생각해서는 안 된다는 사실을 깨닫게 되었다.

다음은 내가 모든 책임을 떠맡아야 한다는 공포에서 벗어나는 데 도움을 준 생각들이다.

나는 그리스도가 아니다. 신학대학원을 졸업하던 날, 보스턴에 있는 파크 스트리트 교회의 고든 휴젠버거 목사님이 설교를 하셨다. 설교는 분명하게 "나는 그리스도가 아니다."라고 밝힌 세례 요한의 말을 바탕으로 이루어졌다. 설교의 요지는 이러하다. "여러분은 신부는 될 수 있지만 신랑은 아닙니다. 여러분은 메시아가 아니니 메시아가 되려고 노력하지 마십시오. 사도신경, 벨직신앙고백, 웨스트민스터신앙고백과 더불어 세례 요한의 신앙고백인 '나는 그리스도가 아니다'를 반드시 고백하십시오." 나는 아직도 그 설교를 녹음한 테이프를 가지고 있고, 기회가 되는 대로 듣고 있다. 우리가 메시아가 아니라는 사실을 주기적으로 고백한다면, 메시아적 책임감에서 한결 자유로워질 것이다.

우리에게는 복음이 있다. 신대원에서 읽었던 팀 디어본의 《의무를 넘어서: 그리스도를 위한 열정, 선교를 위한 마음》에서 바쁘게 사는 문제를 해결할 실마리를 얻었다.[2] 월드비전의 신앙발달부 이사인 그는 이 책에서 교회가 너무 오랫동안 자연재해, 복잡한 인권 문제, 미전도 종족, 억압받고 착취당하는 소수 민족에 대한 뉴스를 선교에 대한 동기부여의 수단으로 삼아왔다고 주장한다. 우리는 세상의 비참한 상황에 대한 통계와 이야기를 많이 들어왔다. 디어본은 그리스도의 죽음과 부활이라는 기쁜 소식이 세상에 얼마나 문제가 많은지, 그것을 바로잡기 위해 우리가 해야 할 일이 얼마나 많은지 알리는 나쁜 소식으로 바뀌었다고 주장한다. 이렇게 되면 더 많이 봉사하고, 더 많이 기부하고, 더 많은 일을 해야 한다는 결론이 날 수밖에 없다. 디어본은 복음은 큰 기쁨을 가져다주는 좋은 소식이라는 것과 하나님만

이 세상의 유일한 희망이라는 사실을 상기시킨다.

관심을 가지라는 말이 행하라는 말은 아니다.
2010년 제3차 로잔대회에서 존 파이퍼는 "우리는 모든 고통, 특히 영원한 고통에 관심을 기울여야 한다."라고 말했다. 그는 '관심(care)'이라는 단어를 매우 신중하게 선택했다. 존 파이퍼는 모든 고통에 대해 무엇인가를 해야(do) 한다고 말할 수 없었다. 아무리 조금이라도 모든 것에 대해 무언가를 한다는 것은 불가능하기 때문이다. 그러나 관심을 가질 수는 있다. 우리는 극심한 빈곤이나 합법적인 낙태, 성경에 대한 무지와 같은 이야기를 듣고도 무관심으로 일관하지는 않는다. 이런 일들이 일어나서는 안 된다고 생각한다. 물론 모든 사람이 모든 문제에 대해 동일한 관심을 갖지는 않겠지만, 모두가 관심을 가져야 하는 문제들도 분명히 있다. 우리의 마음을 찔러 기도의 자리로 나아가게 하는, 성노예와 같은 문제에 대해서 그리스도인은 무관심을 선택할 수 없다. 그러나 이런 특정한 악과 싸우기 위해 자신이 직접 무언가를 하느냐는 선택할 수 있다.

우리는 각각 다른 재능과 소명을 갖고 있다. 모든 그리스도인은 각자가 가진 소망에 관한 이유를 묻는 자에게 대답할 것을 항상 준비해야 하지만(벧전 3:15), 모든 사람이 해변에서 복음 전도를 해야 하는 것은 아니다. 모든 그리스도인은 그리스도의 대위임령에 따라야 하지만, 모두가 선교를 위해 해외로 이주해야 하는 것은 아니다. 모든 그리스도인은 낙태에 반대해야 하지만, 모두가 입양을 하거나 미혼모 보호시설에서 자원봉사해야 하는 것은 아니다. 우리에게는 낙후된 교육 시설을 개선하는 데 자신의 인생을 바칠 그리스도인도 필요하고, 훌륭한 신학 서적을 폴란드어로 번역하는 꿈을 가진 그리스도인도 필요하다. 우리 중에는 열정적으로 어떤 일을 하면서, 그렇게 하지 못하는 다른 사람들이 죄책감을 느끼지 않도록 하며 자신도 죄책감을 갖지 않는 그리스도인이 필요하다. 나는 많이 읽고 많이 쓴다. 이것이 내가 잘하는 일이다. 당신이 나만큼 많이 읽고 많이 쓰지 않는다고 죄책감을 느낄 필요는 없다. 우리에게는 각자의 재능과 소명이 있다. 우리는 다른 그리스도인들이 어떤 좋은 일을 더 잘하고, 더 자주 하는 것을 아무렇지 않게 받아들일 수 있어야 한다.

교회가 있다는 것을 기억하라. 이 세상에서 반드시 이루어져야 할 유일한 일은 바로 그리스도의 일이다. 그리스도의 일은 그리스도의 몸을 통해 이루어진다. 주일이면 한자리에 모여 함께 예배하고 주중에는 사방으로 흩어지는 교회는, 혼자서 할 수 있는 일과는 비교할 수 없이 많은 일을 할 수 있다. '나'라는 한 개인은 그리스도의 부르심에 한두 가지 방식으로만 응답할 수 있을 뿐이다. 그런데 교회라는 유기체이자 조직의 구성원인 나는 백만 가지 다른 방식으로 응답할 수 있다.

지금 바로 기도할 수 있다. 기도는 항상 가장 큰 부담으로 다가온다. 우리는 더 많이 기도할 수 있지만, 세상의 모든 필요를 위해 기도할 수는 없다. 아무리 잘 훈련받고 체계적으로 기도하더라도 몇몇 사람들이나 문제를 위해 기도할 뿐이다. 그렇다고 기도 제목이 손바닥만 한 메모지에 적을 정도로 제한되는 것도 아니다. 사촌이 심장 수술을 앞두고 있다면, 그

자리에서 듣자마자 바로 기도하라. 선교사님이 기도 제목을 나누면 바로 그곳에서 그분을 위해 기도하라. 그 순간을 그냥 지나치지 말라. 짧게 기도하라. 결과는 하나님께 맡기고, 특별한 사정이 없다면 그 다음에는 자신에게 주어진 일을 하면 된다.

예수님이 모든 일을 다 하신 것이 아니다. 예수님은 모든 사람의 필요를 채워주지 않으셨다. 치료받기 위해 줄서 있는 사람들을 두고 떠나셨다. 이 마을에서 설교하시고 곧장 다른 마을로 가기도 하셨다. 사람들을 떠나 홀로 기도하셨으며, 때로는 지치기도 하셨다. 지구상에 거하는 모든 사람을 다 만나신 것도 아니다. 삼십 년간 준비하시고 삼 년 동안만 사역하셨다. 모든 일을 다 하려고 하지 않으셨다. 그러면서도 하나님이 맡기신 일은 모두 이루셨다.

그리스도의 일

이 4장의 내용을 통해 은혜를 값싸게 여기거나 믿기만 하면 다라는 생각을 갖지 않기를 기도한다. 우리 모두에겐 짊어져야 할 십자가가 있다. 이 십자가는 우리의 죄를 죽이고, 우상을 부수고, 자기 자신을 의지하는 것이 얼마나 어리석은 일인지 가르쳐 준다. 그것은 예수님을 위해 모든 일을 해야 한다는 십자가가 아니다. 예수님을 따르기 위해 무엇이든 할 수 있다는 십자가다.

하나님 나라를 위해 무기력한 상태에서 벗어나 바쁘게 살 필요가 있는 그리스도인들이 분명히 있다. 하지만 많은 그리스도인은 이미 지나치게 바쁘다. "때를 아끼라(엡 5:16)."는 말씀은 거룩으로의 부르심이다. 성공하는 사람들의 일곱 가지 습관을 소유하라는 부르심이 아닌데도, 나는 이 말씀을 시간 관리를 더 잘하라는 명령으로 받아들이기도 했다. 모든 평서형의 문장을 명령형으로 바꿔서 듣기도 했다. 하나님이 명령하신 의무들을 수행하기 위해 필요성과 근접성의 역할을 간과하기도 했다.[3] 내가 영향을 끼칠 수 있는 영역이 관심을 기울이는 영역보다 현저하게 적다는 사실을 잊기도 했다.

무엇보다도 우주가 내 말의 힘으로 유지되는 것

이 아니라는 기쁜 소식을 놓칠 수 있다(히 1:3 참조). 이것은 그리스도의 일이다. 그리스도 외에는 그 누구도 할 수 없다. 할렐루야. 그리스도는 우리가 이런 일을 하겠다고 시도하는 것조차 기대하지 않으신다.

일을 늘리는

습관

진단 #3.
우선순위 없이는 섬김도 어렵다

지난 몇 년 동안 마가복음 1장 35-39절은 나를 무척 혼란스럽게 했다.

새벽 아직도 밝기 전에 예수께서 일어나 나가 한적한 곳으로 가사 거기서 기도하시더니 시몬과 및 그와 함께 있는 자들이 예수의 뒤를 따라가 만나서 이르되 모든 사람이 주를 찾나이다 이르시되 우리가 다른 가까운 마을들로 가자 거기서도 전도하리니 내가 이를 위하여 왔노라 하시고 이에 온 갈릴리에 다니시며 그들의 여러 회당에서 전도하시고 또 귀신들을 내쫓으시더라.

　　우리는 이 구절을 읽을 때마다 예수님처럼 열심히 기도해야겠다고 생각한다. 정상적인 반응이다. 그런데 이 구절은 인자가 자신의 사명을 완수하기 위해 얼마나 단호하게 행동했는지 보여준다. 공생애 동안 예수님이 행하신 일을 보면 감탄사가 절로 나온다. 성육신, 부활, 승천, 승귀는 정말 말도 안 되는 일이다. 그런데 더욱 놀라움을 주는 것은 예수님의 평범한 일상이다. 그는 단 한 번도 경솔한 말은 뱉으신 적이 없고, 단 하루도 허투루 살지 않으셨다. 또 아버지의 계획에서 한 번도 벗어난 적이 없으시다. 예수님은 정말 바쁜 인생을 사셨지만 정말 자신이 해야 할 일에 온전히 몰두하셨다는 사실을 생각하면 또 놀라게 된다.

　　우리가 복음서를 읽을 때 간과하기 쉬운 사실은 예수님이 무척 바쁜 분이었다는 것이다. 마가가 즐겨 사용하는 단어 중 하나는 '즉시'였다. 3년 동안 예수님과 제자들은 정신없이 바쁘게 일하셨다. 어떤 일을 행하시고 곧바로 다른 일을 이어서 행하셨다. 마가복음 1장에는 예수님이 공생애 사역을 시작하는 장면이 나온다. 예수님은 회당에서 가르치시고, 더러운 귀신을 꾸짖으시고, 시몬의 장모를 고치셨다. 밤새워 여러 가지 병에 걸린 많은 사람을 고치시고, 많은 귀신을 쫓아내셨다(막 1:34). 예수님은 너무 바빠서 식사조차 제대로 하지 못하셨고, 가족들은 이런 예수님이 미쳤다고 생각했다(막 3:20-21).

예수님이 계시는 곳에는 항상 무리들이 몰려들었다. 예수님을 찾는 사람들은 예수님에게 시간과 관심을 요구했다. 복음서를 통해 바라본 예수님은 3년 동안 거의 매일 설교하고 치유하고 귀신을 쫓아내는 모습이셨다. 예수님을 요가와 명상을 하는 일종의 선승처럼 생각해서는 안 된다. 오늘날 예수님이 살아 계셨다면 우리보다 훨씬 많은 이메일을 받으셨을 것이다. 사람들이 항상 그에게 전화했을 것이다. 인터뷰에 TV 출연, 강연 요청이 끊임없이 이어졌을 것이다. 예수님은 평범한 사람들이 겪는 각종 스트레스로부터 자유로운 분이 아니셨다. 하늘에

둥둥 떠다니는 존재가 아니셨다. 천사들이 하늘나라에서 가져다주는 바나나를 드시면서 하루 종일 하프 음악을 들으며 앉아 계시지 않았다. 예수님은 죄를 짓지 않으셨을 뿐 이 땅에 계실 때에 우리처럼 모든 일에 시험을 받으셨다(히 4:15). 여기에는 죄에 이끌려 바쁘게 살도록 만드는 시험 또한 포함되었다.

하지만 예수님은 죄에 이끌려 바쁘게 살지 않으셨다. 예수님도 우리처럼 바빴다. 하지만 조급해하거나 불안해하거나 짜증내지 않으셨다. 교만하거나 시기하거나 사소한 일에 정신을 빼앗기지 않으셨다. 가버나움 사람들이 전부 주님의 치유의 손길을 기다릴 때, 예수님은 기도하기 위해 한적한 곳으로 떠나셨다. 제자들이 다시 전날 사역하던 곳으로 돌아가 치유 사역을 하자고 했을 때 예수님은 전도하러 다른 마을로 가셨다. 예수님은 긴급한 일과 중요한 일의 차이를 아셨다. 자신이 할 수 있는 모든 선한 일이 반드시 해야 할 일이 아니라는 것을 알고 계셨다.

가장 중요한 세 가지

예수님은 우리보다 시간에 대한 압박이 적었을 것이라고 생각하기 쉽다. "예수님은 아침에 몰래 기도하러 가실 수 있었잖아요. 아이들 아침을 챙길 필요도 없으셨어요. 7시까지 출근할 필요도 없었고요. 마감과 이메일의 압박, 비즈니스 미팅, 고객 눈치를 볼 필요도 없으셨어요." 맞는 말이다. 하지만 예수님께는 일을 마치고 퇴근할 사무실이 없었다. 혼자서 오붓하게 점심을 먹을 수도 없었다. 집이나 아파트, 심지어 자기 방이라고 부를 만한 공간조차 없었다. 예수님께는 그를 따르는 제자들과 군중이 있었다. 이렇게 예수님의 시간과 관심을 필요로 하는 사람들이 너무 많았다. 그래서 어떤 사람들은 예수님이 배에 오르신 목적이 그들로부터 도망치기 위해서였다고 말하기도 한다.

　우리가 얼마나 바쁘게 사는지 전혀 예수님의 공감을 얻지 못할 거라고 생각하지 말라. 우리에게 납부해야 할 청구서가 있다면, 예수님께는 치유받기 원하는 나병환자들이 있었다. 우리에게 끊임없이 징징대는 아이들이 있다면, 예수님께는 이름으로 그를 알고 있는 귀신들이 있었다. 삶에 스트레스가 있는가? 예수님은 유대와 갈릴리에서 많은 군중을 가르치셨고, 사람들은 끊임없이 예수님을 만지고, 속이고, 죽이려고 했다. 예수님께는 얼마든지 엄청난 기대와 대단한 기회들에 빠져서 허우적거릴 수 있는 갖가지 이유가 있었다.

그럼에도 예수님은 사명을 계속 이어갔다. 자신이 우선적으로 해야 할 일이 무엇인지 아셨고, 철저히 그 우선순위를 고수했다. 놀랍지 않은가? 생각해보라. 예수님은 단순히 지역 축구 동호회에서 뛸 기회를 거절하신 것이 아니다. 지금 당장 고칠 수 있는 질병을 앓고 있는 사람들을 거절하셨다. 제자들은 예수님이 왜 눈앞에 있는 긴급한 필요를 채워주지 않으시는지 이해하지 못했다. 제자들의 성난 목소리가 들린다. "모든 사람이 주를 찾나이다(막 1:37)." 이런 의미다. "뭐하시는 겁니까? 할 일이 잔뜩 있잖아요. 당신은 엄청나게 성공하셨어요. 많은 사람이 모두 당신이 와서 도와주기를 바라고 있어요. 어서 가요. 무리가 초조해하고 있어요. 우리에게는 당신이 필요해요." 그러자 예수님은 이렇게 말씀하셨다. "다른 가까운 마을들로 가자." 정말 놀라울 뿐이다.

예수님은 자신의 사명을 분명하게 이해하셨다. 종종 상처받은 사람들을 돕기 위해 발걸음을 멈추셨지만, 다른 사람들의 필요에 이끌려 움직이지는 않으셨다. 잃어버린 사람들, 상처받은 사람들을 깊이 돌보셨지만 다른 사람들의 인정에 이끌려 움직이지 않으셨다. 예수님은 하나님이 주신 사명에 따라 움직였다. 우선순위에 따라 행동했고, 바쁜 일상의 수많은 유혹에도 흔들리지 않으셨다. 예수님은 십자가로 나아가고 있었다. 그리고 그 길에서 가장 중요한 일은 각 마을을 다니며 하나님 나라에 대해 전하는 것과 깊이 기도하는 것이었다.

당신에게 가장 중요한 것은 무엇인가? 당신의 사명은 무엇인가? 십 수 년 전에 나는 인생에서 가장 중요한 세 가지를 메모한 적이 있다.

1. 하나님 말씀 충실하게 전하기

2. 가족을 사랑하고 돌보기

3. 예수 그리스도 안에서 행복하고 거룩해지기

물론 이것을 적어놓는다고 해서 분주함의 문제가 해결되지는 않는다. 하지만 내가 어떻게 살아야 할지를 알고 있다는 것은 정신을 차릴 때마다 일정을 재조정하는 데 도움이 되었다. 우선순위 몇 가지를 간결한 문장으로 적어두는 것을 엄청나게 중요한 일이라고 할 수는 없다. 시간이 지나면 우선순위는 바뀔 수 있다. 나는 지금 당신에게 해야 할 일을 하나 더 얹어주려는 것이 아니다. 여기에서 핵심은 우리가 실제로 중요하게 여기는 일과 정말로 중요하게 여겨야 할 일을 비교해 보라는 것이다.

실제로 많은 사람의 사명은 이렇다.

1. 집안 관리하기

2. 마감일 지키기

3. 주변 사람들을 가급적 행복하게 해주기

우리는 절대로 이 세 가지가 우리의 우선순위라고 말하지 않을 것이다. 그런데 실제로 무언가를 결정하고 계획을 짜다 보면 이 세 가지가 삶을 이끌어가는 원칙이 되어 있다. 목적을 미리 염두에 두고 계획을 세우지 않으면 하나님, 교회, 가족, 친구 등과 같이 우선순위라고 생각하는 중요한 것들이 계속 뒤로 밀려나게 된다. 예수님이 우선순위를 신중하게 정해야 했다면, 우리도 그래야 할 것이다. 쉬기 위해서는 열심히 일해야 한다. 훈련받기 위해서는 헌신해야 한다. 사명을 이루는 삶을 살기 원한다면 그것을 나의 사명으로 삼아야 한다.

그렇다면 이제 부정할 수 없는 세 가지 진실을 받아들일 때가 되었다.

시간은 늘릴 수 없다

모든 일을 다 할 수는 없으니 우선순위를 정해야 한다(첫 번째 진실). 우선순위를 정하지 않는 사람은 자신이 유한한 존재임을 믿지 않는 사람이다. 돈에 한계가 있다는 것을 알기 때문에 우리는 원하는 것을 다 살 수 있을 거라고 기대하지 않는다. 사실 시간은 돈보다 훨씬 더 제한되어 있다. 그런데도 마치 시간에는 한계가 없는 것처럼 살아간다. 부는 창출할 수 있지만 시간을 늘릴 수는 없다. 피터 드러커는 이렇게 말했다. "시간의 공급은 완전히 비탄력적이다. 수요가 아무리 많아도 공급은 늘어나지 않는다. 시간에는 가격도 없고 한계 효용 곡선도 없다. 게다가 시간은 완전히 부패하기 때문에 저장할 수도 없다. 어제의 시간은 영원히 사라지고 다시는 돌아오지 않는다. 따라서 시간은 항상 공급이 극도로 부족한 상태다."[1] 시간이야말로 우리에게 가장 희소하고 소중한 자원일 것이다. 사용할 수 있는 시간이 무한하지 않다는 것을 깨달을 때 비로소 시간을 잘 사용할 것이다.

지난 몇 년 동안 가장 화제가 되었던 에세이 중 하나는 앤 마리 슬로터의 《왜 여성은 여전히 모든 것을 가질 수 없는가》였다.[2] 힐러리 클린턴이 미국 국무부 장관으로 있을 때 첫 여성정책기획국장으로 일하던 슬로터는 자기가 원했던 전문직으로 일하면서 동시에 부모가 될 수는 없다는 사실을 깨달았다. 그녀는 선택을 해야 한다는 것을 알았고, 그 선택은 여성이 남성보다 더 어렵다는 것 또한 알았다.

> 여기서 나는 고정관념으로 가득 찬 위험한 땅을 밟고 있다. 하지만 수년간의 대화와 관찰을 통해 가정 내 문제로 인해 자신의 부재가 자녀에게 상처를 주고 있다는 사실을 인식하거나 적어도 자신의 존재가 도움이 될 수 있다는 사실을 알게 될 때 남성과 여성의 반응이 상당히 다르다고 믿게 되었다. 아버지가 어머니보다 자녀를 덜 사랑한다고 생각하지는 않지만, 남성은 가족을 희생하고 직업을 선택할 가능성이 더 높은 반면, 여성은 직업을 희생하고 가족을 선택할 가능성이 더 높은 것 같다.

슬로터가 느꼈던 감정은 메리 마탈린이 부시 행정부에서 물러날 때 느꼈던 것과 비슷하다. "'누가 나를 더 필요로 할까?'라는 질문을 스스로에게 던졌다.

그러자 이제 다른 누군가가 이 일을 할 차례라는 사실을 깨닫게 되었다. 나는 내 아이들에게 없어서는 안 될 존재지만 백악관에서는 그 정도는 아니었다."[3] 정치권에서 서로 다른 길을 걷고 있는 이 두 여성 정치가들은 아무리 구체적으로 미래 계획을 세우고 남편이 지지해주려고 노력해도 모든 것을 가질 수는 없다는 결론을 내렸다.* 시간의 한계가 있는 현실 세계에서 우리는 종종 좋은 것과 더 좋은 것을 구분해야 한다.

우리는 특별해서 일반 사람들과 달리 동시에 두 가지(또는 서너 가지) 일을 더 잘할 수 있는 존재라고 생각하고 싶어 한다. 하지만 그렇지 않을 가능성이 매우 높다. 데이비드 크렌쇼는 그의 저서 《멀티태스킹은 신화다》에서 사람의 뇌가 실제로는 두 가지 정신적 과정을 동시에 수행할 수 없다고 주장한다.[4] 한 번에 두 가지 일을 할 수 있는 때가 있는데, 둘

*
슬로터는 모든 것을 가질 수 있는 여성은 없다고 주장한다. 여성이 자신의 경력을 먼저 쌓고 나중에 가정을 꾸리거나 그 반대로 하더라도, 대부분의 여성에게는 육아에서 뛰어나면서 동시에 직업에서 최고 자리에 오를 수 있는 충분한 시간이 없다고 말한다. 슬로터는 "나는 악몽 속에서 살았다. 서른다섯 살부터 3년 동안 임신할 수 있는 모든 방법을 다 써봤지만, 아이를 갖기에는 너무 늦어버렸다는 생각에 미칠 것 같았다."고 고백한다.

중 하나는 정신적 노력이 필요하지 않은 경우다. 우리는 걸으면서 동시에 대화할 수 있다. 감자칩을 먹으면서 동시에 TV를 볼 수도 있다. 하지만 이메일을 보내면서 전화 통화를 하거나, 보고서를 작성하면서 아들과 대화할 수는 없다. 멀티태스킹을 하고 있다고 생각할 수 있지만 실제로는 '스위치 태스킹'을 하고 있는 것이다. 컴퓨터도 마찬가지다. 겉으로는 멀티태스킹을 하는 것처럼 보이지만 실제로는 여러 프로그램을 빠른 속도로 전환하고 있는 것이다. 컴퓨터가 한 번에 두 가지 일을 할 수 없다면 우리도 당연히 할 수 없다.

우선순위를 정하는 것은 어렵다. 우선순위를 계속 고수하는 것이 불가능해 보일 수도 있다. 예수님은 그 어려움을 잘 아신다. 그분은 끊임없는 요구와 엄청난 압박을 받으며 사셨다. 하나님이 예수님께 두신 목적을 이루기 위해서는 다른 사람들이 세운 수만 가지 좋은 목적을 거절해야 한다는 것도 아셨다. 하나님의 아들은 모든 사람의 필요를 충족시킬 수 없으셨다. 그는 기도하기 위해 한적한 곳으로 가야 했다. 먹어야 했다. 잠을 자야 했다. "안 돼."라고 말할 수 있어야 했다. 예수님도 인간의 한계를 안고 살아야 했다면, 우리가 그렇지 않다고 생각하는 것은 어리석은 일이다. 이 지구상에서 결국 아무것도 하지 못한 사람들은 자신이 모든 것을 할 수 없다는 사실을 깨닫지 못한 사람들이다.

정하지 않은 시간

이웃을 가장 효과적으로 섬기려면 우선순위를 정해야 한다(두 번째 진실). 강연회에서 한 강사가 '제인'이라는 여성과 상담한 일화를 들려주었다. 제인은 첫 번째 상담에 45분이나 지각했다. 그때도 당황한 기색이 역력했는데, 더 잘하겠다고 약속한 두 번째 상담 때도 똑같이 늦었다. 세 번째 상담도 그랬고, 이후에도 계속 지각했다. 제인이 결코 의도적으로 지각한 것은 아니다. 자신의 인생 전체가 훈련되지 않은 실패자처럼 보이는 것을 원하지 않았다. 그녀는 지각하지 않기 위해 치밀하게 계획까지 세웠다.

하지만 항상 뜻밖의 일이 생겼다. 누군가를 위해 기도할 일이 생기기도 했고, 심부름을 하기 위해 차를 세우기도 했다. 갑작스럽게 새로운 부탁을 들어주는 일도 있었다. 한마디로 제인의 삶에는 우선순위가 없었다. 눈앞에 있는 일이 항상 새로운 최우선 순위가 되었다. 강사는 제인을 가리켜 절대 함께 일하고 싶지 않은 좋은 사람이라고 칭했다.

제인을 너무 부정적으로 바라볼 필요는 없다. 어떤 면에서 제인은 그리스도인의 모습과 정확히 일치한다. 그녀는 언제나 누구를 위해서든 무엇이든 할 수 있는 사람이다. 미국이 아닌 다른 나라였다면 그 마을에서 제일 인기 있는 여성이었을지도 모른다. 하지만 문화와 상관없이 제인의 의사결정 방식에는 뭔가 잘못된 점이 있다. 그녀의 약점은 눈앞에 있는 필요를 충족시키려다 이전에 한 약속을 지키지 못한다는 것이다. 오랜 친구를 만나기 위해 가족을 한 시간 동안 기다리게 하는 것은 처음 한 번은 이해할 수 있다. 하지만 이런 일이 반복되면 그녀가 자신을 가장 필요로 하는 사람들을 얼마나 잘 돌볼 수 있을지 의심하게 된다.

우선순위를 정하지 않고는 다른 사람을 효과적으로 도울 수 없다. 이 사실을 깨닫는 데는 시간이 좀 걸렸지만 이제는 그것이 맞다고 확신한다. 모든 이메일에 답장하고, 가능한 모든 모임에 참석하고, 몇 분만 시간을 내달라고 요청하는 모든 사람과 커피를 마신다면 설교를 제대로 준비할 시간이 없을 것이다. 주중에 몇몇 사람을 도울 수는 있겠지만 주일에 오는 더 많은 사람을 충실히 섬기지는 못할 것이다. 모든 교회 행사에 참여하려 한다면 아들의 농구 경기에는 참석하지 못할 것이다. 시간을 잘 관리한다는 것은 이기적으로 내가 하고 싶은 일만 하려는 것이 아니다. 내가 가장 잘할 수 있는 방식으로, 내게 주신 은사대로 다른 사람들을 효과적으로 섬기는 것이다.

우선순위를 정했다면 **후순위**(posteriorities)도 정해야 한다. '후순위'라는 용어는 할 일 목록 맨 마지막에(posterior) 있어야 할 일을 가리키기 위해 피터 드러커가 고안한 단어다. 해야 할 일을 하기 위해 하지 않기로 결정한 일들을 말한다. 목표를 세우는 것만으로는 충분하지 않다. 하지 않을 일과 다루지 않을 문제가 무엇인지도 정해야 한다.[5] 몇 년 전, 장로님들은 내가 더 이상 결혼 예비 상담을 하지 못하도록 규칙을 세웠다. 내 결혼 생활을 염려해서 그런 것은 아니었다. 여러 사람들과의 교제를 막으려는 것도 아니었다. 나는 여전히 날마다 매우 많은 목회 사역에 관여하고 있다. 장로님들은 내 의견을 수렴하여 결혼 예비 상담을 하지 않는 것이 내게 주어진 시간을 가장 효율적으로 사용하는 것이라고 결론을 내린 것이다. 주어진 시간을 우선순위에 사용하기 위해 결혼 예비 상담을 후순위로, 곧 하지 않기로 결정한 것이다.

우리가 바쁨이라는 괴물을 길들이지 않는 이유 중 하나는 어떤 것도 없애고 싶지 않기 때문이다. 일정을 재조정하고 휴식 시간을 늘려도 전혀 상황이 개선되지 않은 것은 아무것도 정리하지 않았기 때문이다. 우리는 하지 않을 일을 정하지 않았다. 우선순위를 정하는 것은 다른 사람과 하나님에 대한 사랑의 표현이다. '정하지 않은' 시간은 자신의 약점을 향해 흘러가거나 내 시간을 제 뜻대로 사용할 수 있는 사람에 의해 좌우되거나, 온갖 긴급한 일에 소모되기 쉽다.[6] 따라서 하나님이 가장 목소리가 크고, 가장 궁핍하고, 가장 위협적인 사람들만 섬기도록 의도하신 것이 아니라면, 우리는 미리 계획을 세우고, 우선순위를 정하여 더 현명하고 효과적(effectively)으로 섬겨야 한다.

주의할 점은 내가 사용한 단어가 **효율적**(efficient)이 아니라 **효과적**(effective)이라는 사실이다. 사람을 돌보는 일은 종종 매우 비효율적이다. 사람은 골치 아픈 존재다. 누군가를 돕다 보면 그런 소모적인 일에 많은 시간을 허비하게 된다. 하나님은 당신의 종들이 모두 A형 혈액형을 가지고 세밀한 작업을 좋아하는 엑셀 전문가가 되기를 바라시는 것이 아니다. 효율성은 결코 우리의 목적이 아니다. 예수님에게서 볼 수 있는 것처럼 하나님은 가장 중요한 일을 할 수 있는 여유를 갖기 위해 많은 좋은 일들을 하지 않기로 결정하기를 바라신다.

타인의 우선순위

각자가 자신의 우선순위를 가지고 있다는 사실을 받아들여야 한다(세 번째 진실). 지난해 한 강연회에서 다른 강사들과 함께 저녁 식사를 할 때였다. 평소 가장 좋아하는 찬양 사역자들 중 한 사람이었던 그의 옆자리에 앉게 되었다. 오랫동안 그의 열렬한 팬이었기에 무척 기뻤다. 그는 기대했던 대로 친절하고 사려 깊었다. 대화를 나누다가 이스트 랜싱(East Lansing, 미국 미시간 주에 있는 도시, 저자가 시무하는 교회가 이곳에 있다. _옮긴이)에 이분의 가족 중 한 명이 살고 있다는 것을 알았다. 자연스럽게 이스트 랜싱에 오면 언제 한 번 만나자고 제안했다. 그는 내 제안을 흔쾌히 받아들이는 것 같았다. 내친김에 조금 더 밀어붙여 이스트 랜싱에 오게 되면 주일에 우리 교회에서 예배를 인도해 줄 수 있는지 물었다. 그러자 그는 주말에는 자신이 섬기는 교회에 있어야 하고 다른 교회의 예배는 인도할 수 없다고 설명했다. 신속하면서도 은혜로운 거절이었다.

나는 그의 이런 대답이 전혀 불쾌하지 않았다. 오히려 미리 안 된다고 알려준 그를 존경하게 되었다. 나는 이런 초대를 받으면 그 자리에서 바로 하겠다고 답하는 경향이 있다. 대체로 나는 우선순위가 무엇인지 미리 말하기보다는 지나치게 헌신적이고 오히려 사람들을 끌어가곤 한다. (아마도 나에게 인정 욕구나 명성과 같이 3장에서 다룬 교만의 여러 모습이 있기 때문일 것이다.) 이 뛰어난 음악가는 자신의 우선순위를 알고 있었다. 새로운 지인이 부탁한다고 해서 그것을 충동적으로 바꾸지 않아서 너무 좋았다.

그리스도인이 겪는 대부분의 문제가 그렇겠지만, 이 분주함과 싸우는 문제도 공동체가 함께 풀어가야 할 과제다. 각자가 자신의 우선순위를 정하는 것만으로는 충분하지 않다. 우리는 다른 사람들도 자신의 우선순위를 정해야 한다는 점을 존중해야 한다. 이 지점에서 우리는 서로를 깊이 도와줄 수 있다. 가령 누군가에게 점심을 같이 하자고 요청할 때, 그것이 항상 받아들여질 것이라고 기대하지 말라. "어떻게 생각하세요?"라고 묻는 문자에 바로 답장이

오지 않는다고 화내지 말라. 당신이 필요로 하는 것이 우선순위에서 밀리더라도 상처받지 말라. 사람들이 종종 바쁘다고 말하는 이유는 "인생에 여러 우선순위가 있는데, 지금 당신은 아니에요."라고 말하면 당신이 너무 아파할 것 같기 때문일지도 모른다. 상대방이 당신에게 내어주는 시간이 당신이 내어준 시간보다 적다고 해서 그들을 무례하다고 생각하지 말라. 또한 당신이 겨우겨우 만들어 낸 시간을 다른 사람을 위해 쓰는 것을 너무 아깝게 여기지 말라. 우리는 하나님이 아니다. 우리 중 누구도 항상 다른 사람들에게 우선순위가 되어야 할 자격은 없다.

예수님은
선한 일이라고 해서
반드시 해야 할 일이라고
여기지 않으셨다.

자녀가 왕이 된

세상

진단 #4.
부모가 자녀의 미래를 책임질 수 없다

부모로 살면 바쁠 수밖에 없다. 아이들은 부모에게 여유를 허락하지 않는다. 하지만 조금만 노력하고, 조금만 마음을 비울 수 있다면 지금보다는 덜 바쁘게 그리고 좀 더 정신을 차리고 살아갈 수 있다.

우리는 낯선 신세계에 살고 있다. 아이들은 그 어느 시대보다 안전하지만 부모의 불안은 급증하고 있다. 아이들에게는 더 많은 선택권과 기회가 주어졌지만 부모에게는 더 많은 걱정과 번거로운 일이 생겼다. 우리는 전례 없이 많은 에너지와 시간, 관심을 자녀에게 쏟아 붓고 있다. 그럼에도 자녀에게 문

06 자녀가 왕이 된 세상

제가 생기면 잘 키우지 못해서 그렇다고 생각한다. 우리는 자녀의 행복한 미래와 성공이 다른 모든 것보다 우선되는 시대에 살고 있다. 우리 아이들을 위해서라면 아무리 힘든 노동도, 아무리 높은 비용도, 엄청나게 큰 희생도 전혀 문제되지 않는다. 아이의 미래가 모두 우리 손에 달려있다고 여긴다.

자녀에게 집착하는 양육 방식을 어쩌면 희생적인 사랑과 헌신의 표현이라고 말할지도 모르겠다. 물론 그럴 수도 있다. 그러나 이런 나라를 아이들이 통치하는 나라, 곧 어린이제국(Kindergarchy)이라고 부를 수도 있다. 조셉 엡스타인은 "어린이제국에서는 모든 일이 아이들을 중심으로 일어난다. 아이들을 위한 학교, 아이들을 위한 교육, 아이들이 선호하는 것, 아이들 돌보기, 아이들 먹이기, 이 외에 아이들을 위한 세심한 관리… 그야말로 아이들이 시작이고 끝이다."[1] 부모는 자녀들이 마치 태양왕의 직계 후손이라도 되는 것처럼 이들을 수행하는, 계약직 노동자보다 조금 나은 사람일 뿐이다. 엡스타인은 "모든 아이들이 황태자"라고 말한다.

그렇다고 엄하고 철두철미한 훈육자가 되라는 말은 아니다. 엡스타인은 부모들이 더 엄격해지기를 바라는 것이 아니라 아이들에게 덜 휘둘리기를 바란다. 비교적 최근까지도 핵가족은 자녀 중심적이지 않았다는 점을 기억할 필요가 있다. 이제 60대가 된 엡스타인은 자신의 어린 시절을 회상하며 결코 불행하지 않았다고 이야기한다. 오늘날이라면 그의 부모는 거의 범죄자처럼 여겨졌을 것이다.

어머니는 내게 책을 읽어주신 적이 없다. 아버지와 함께 권투 시합을 보러 몇 번 간 적은 있지만 그 외에 다른 운동경기를 보러 간 기억은 없다. 본격적으로 운동선수로 활동을 시작한 이후 부모님은 한 번도 내가 뛰는 경기에 오신 적이 없다. 만약 부모님이 그 자리에 오셨다면 나는 몹시 부끄러워했을 것 같다. 부모님은 고등학교 시절 사귀었던 여자친구들을 한 번도 만난 적이 없다. 내가 자라온 평범하지 않은 어린 시절을 기록한 사진이나 비디오 자료도 전무하다. 아버지는 한 번도 새나 벌에 대해

가르쳐주신 적이 없다. 아버지가 해주셨던 유일한 성교육은 "신중해야 한다." 이 한마디가 전부였다.[2]

엡스타인은 그리스도인이 아니며 기독교 집안에서 성장하지도 않았다. 나는 그의 어린시절을 보고 그대로 따라해야 한다고 말하는 것이 아니다. 그 역시도 그것을 바라지 않는다. 다만 그 당시에 그의 경험은 결코 이상하거나 이례적인 것이 아니었다. 이것은 우리 부모 세대가 확인해줄 수 있다. 오늘날의 가족은 과거와는 전혀 다른 방식으로 자녀의 삶을 중심으로 구조화되었다. 이것을 인식하는 것이 중요하다. 인간이 언제나 어린이제국에서 살았던 것은 아니다.

완벽한 부모라는 신화

자녀 양육은 필요 이상으로 복잡해졌다. 내가 아는 한, 과거에 그리스도인 부모가 하는 자녀 양육은 먹이고 입히며, 예수님을 가르치고, 위험한 물건에 가까이 가지 못하게 막는 정도였다. 지금 아이들은 〈별이 빛나는 밤에〉를 본뜬 벽지를 바른 방에서 모차르트 음악을 들으며 등을 바닥에 대고(아니 잠시만, 배를 깔고, 아니다, 등이 맞다) 잠을 자야 한다. 다섯 살이 되기 전에 피아노 레슨을 받고, 키가 145센티미터가 될 때까지 카시트에서 벗어나지 못한다.

모든 것이 너무 복잡하다. 규칙도 너무 많고 기대치도 너무 높다. 자녀 양육은 율법주의의 마지막 보루인 것 같다. 교회만 그런 것이 아니라 현대 문화가 전부 그렇다. 우리 사회는 성인이 하는 행동은 웬만해서는 죄로 여기지 않을 만큼 매우 관용적이다. 그런데 아이들에게는 먹는 음식마저 칼로리가 얼마인지 계산하는 시대에 살고 있다. 아이들은 더 이상 설탕을 먹어서는 안 된다는 말을 계속 듣는다. 정말 대단하고 유별난 세상이 되었다! 우리 부모님은 바위처럼 엄격하셨지만 우리 집 찬장에는 달달한 초콜릿이 들어간 시리얼 상자가 가득 있었다. 과일 맛 시리얼도 있었고 사탕도 많았다. 아침식사 때는 과일이 아니라 마시멜로를 잔뜩 먹었다. 그런데 지금 우리는 평소에 2% 저지방 우유를 마신다. 그러다가 힘을 내야 할 필요가 있을 때는 기분전환도 할 겸 약간의 비타민 D가 함유된 우유를 마실 뿐이다.

자녀 양육을 삶의 최우선순위에 놓는 국가에 사는 평범한 부모인 우리는 아이들이 너무 연약하다고 여긴다. 자녀의 성공 여부는 부모가 하기 나름이라고 생각한다. 이 두 가정은 모두 잘못되었다. 자녀를 망치는 것도, 자녀를 성공시키는 일도 생각보다 어렵다. 특히 그리스도인 가정에서는 암묵적 결정론을 가지고 행동하는 경우가 많다. 우리는 몇 가지 잘못된 행동이 자녀 인생을 영원히 망칠까봐 걱정한다. 동시에 적절하게 잘 돌보고 가르치기만 하면 경건한 자녀로 기를 수 있다고 생각한다. 레슬리 레이랜드 필즈의 말이 적절하다. "자녀 양육에 대한 잘못된 믿음 중에 여전히 깨지지 않으면서 사람들이 소중히 여기는 것은 바로 양육이 아이를 만든다는 믿음이다."[3]

완벽한 자녀 양육

조지 메이슨 대학교 경제학 교수인 브라이언 케플란은 《자녀를 더 낳아야 하는 이기적 이유》라는 도발적인 제목의 책을 출간했다. 부모는 자신들이 잘만 하면 자녀에게 훨씬 더 행복한 미래를 선사할 수 있다고 생각한다. 이러한 스스로에 대한 과대평가 때문에 필요 이상으로 힘든 삶을 살아간다는 것이 이 책의 논지다. 그는 자녀에게 물려주고자 하는 건강, 행복, 지능, 성공, 일반적인 친화력과 같은 거의 모든 바람직한 특성들이 양육보다는 천성에 의해 더 많이 좌우된다고 말한다. 이를 증명하기 위해 다양한 쌍둥이와 입양아 연구 결과들을 인용한다. 학자들은 수십 년 동안 다양한 방식으로 서로 다른 가정에서 자란 일란성 쌍둥이의 삶을 추적했다. 연구에 따르면 단기적으로는 양육 환경이 쌍둥이들 간에 큰 차이를 만드는 것처럼 보였다. 그러나 장기적으로 볼 때 성장을 마친 쌍둥이가 보여주는 성격과 사회적 행동은 환경보다 유전의 영향을 더 많이 받았다고 한다.

케플란은 이런 연구가 서방 선진국의 중산층 가정을 대상으로 한다는 것이 매우 중요하다고 지적한다. 이런 나라에서 입양을 허락받은 가정은 건강하고 사랑이 넘치며 안정적이다. 케플란은 부모의 양육 방식이 자녀가 자라는 데 아무런 차이를 만들어내지 못한다고 말하는 것이 아니다. 사실 케플란은 국제 입양이 아이의 삶에 커다란 변화를 가져올 수 있다고 말하며 이를 지지한다. 다만 그의 주장은 '정상적인' 가정 안에 놓인 자녀들이 받는 양육 방식의 차이는 아이들이 어떤 성인으로 자라게 될 것인지에 큰 영향을 미치지 못한다는 것이다.

케플란은 부모의 영향을 많이 받는 세 가지 특성을 언급했다. 처음 두 가지는 정치와 종교다. 물론 그는 바로 이어서 이런 영향은 피상적일 뿐이고, 자녀의 내면에 있는 깊은 정치적, 종교적 성향에는 양육이 그다지 영향을 미치지 못한다고 주장했다.[4] 그런데 깊은 내면에서 이루어지는 헌신도를 측정할 수 있을지는 모르겠지만(나는 불가능하다고 생각한다.), 그럼에도 이 두 분야가 예외라는 점은 여전히 의미가 있다. 쌍둥이가 자라난 서로 다른 가정환경이 각자의 성적, 건강, 성공에는 별 영향을 주지 못했지만 종교적, 정치적 성향에는 많은 영향을 미쳤다.[5]

양육 환경이 특별히 영향을 미치는 또 다른 특성은 감사하는 마음이다. 쌍둥이 및 입양아 연구에 따르면 "부모는 아이들이 어린 시절을 경험하고 기억하는 방식에 뚜렷한 영향을 미친다."고 한다.[6] 20년 후 자녀가 어떤 사람이 되는지에 대해서는 부모의 양육 방식이 생각보다 많은 영향을 미치지 못한다. 그러나 20년 후 자녀가 어린 시절을 어떻게 기억할 것인지를 결정하는 데는 부모의 역할이 아주 중요하다는 것이다. 자녀의 미래 정체성을 형성하는 데는 부모 역할이 제한적이다. 하지만 자녀의 어린 시절 경험을 형성하는 데는 부모가 매우 깊은 영향을 끼칠 수 있다.

그래서 부모가 자녀들을 위해 할 수 있는 가장 좋은 일 중 하나는 덜 허둥대고 덜 지치는 방법을 찾는 것이다. '아이들에게 물어보세요' 설문조사에서 연구자 엘렌 갤린스키는 초등학교 3학년부터 고등학교 3학년 사이에 있는 천여 명의 어린이와 청소년을 대상으로 인터뷰를 진행했다. 그리고 부모들에게 자녀들이 어떻게 응답했을지 추측하게 했다. 핵심 질문 중 하나는, 자신에게 영향을 미치는 부모의 모습 중에 바꾸고 싶은 것이 무엇인지 묻는 것이었다. 결과는 놀라웠다. 부모와 더 많은 시간을 보내고 싶다는 바람은 거의 없었다. 부모가 덜 피곤하고 덜 스트레스를 받았으면 좋겠다는 응답이 많았다.

또한 갤린스키는 아이들에게 12가지 영역에 대해서 각각 부모의 점수를 매기도록 요청했다. 전반적으로 점수는 잘 나와서 평균 B 정도 되었다. 대부분의 부모는 자녀를 소중하게 여기고, 자녀가 중요하게 여기는 행사에 참여하는 영역에서는 A를 받았다. 아이들은 부모의 가장 큰 약점으로 분노조절을 꼽았다. 40퍼센트 이상의 아이들이 아빠 엄마의 분노 조절 능력에 대해 C나 D, 심지어 F를 준 아이들도 있었다. 전체 설문 중에서 이 점수가 최악이었다. 케플란은 자녀들이 '간접 스트레스'에 시달리고 있다고 주장한다.[7] 그러니 이제는 그동안 아이들을 위해

해왔던 나들이나 과외 활동을 줄여보자. 그 대신 가족 모두가 집안일을 나눠서 하는 방안을 찾아보고, 부모의 정신 건강을 우선순위에 두자. 이렇게 하는 것이 우리뿐 아니라 자녀들에게도 더 유익하다.

우리 모두를 생물학적 결정론자로 만들려고 케플란의 책 내용을 소개하는 것이 아니다. 유전자는 결코 인간 행동의 다양성에 대한 완벽한 설명을 해낼 수 없다. 그리스도인으로서 우리는 하나님이 자기 형상대로, 책임감 있는 도덕적 주체로 우리를 창조하셨다는 사실을 알고 있다. 따라서 DNA는 우리의 영원한 운명을 결정하지 못한다. 자녀 양육도 마찬가지다. 이것이 내가 하려는 이야기다. 케플란은 "만약 당신 자녀의 미래가 당신 손에 달려있는 것이 아님을 인정한다면, 당신은 더 나은 삶을 살 수 있고 더 큰 가정을 꾸릴 수 있다."고 말한다.[8]

목적은 좋았더라도 결국 우리를 잘못된 길로 이끌게 되는 영적 결정론을 거부해야 한다. 모든 문제를 우리가 짊어져야 하는 것은 아니다. 성경에는 영적 거인들이 악랄한 자녀를 낳고 타락한 집안에서

고귀한 자손이 나오는 예가 가득하다. 성경에서 발견하는 지혜의 말씀(잠 22:6)과 언약의 약속(창 17:7)은 분명히 좋은 그리스도인 부모가 좋은 그리스도인 자녀를 길러낸다고 말한다. 하지만 우리는, 하나님이 주권자시며(롬 9:6-18), 구원은 선물이며(엡 2:8-9), 성령의 바람은 성령께서 원하시는 방향으로 움직인다(요 3:8)는 사실을 분명히 인정해야 한다. 필즈는 〈크리스채너티 투데이〉에 실린 글에서 이렇게 말했다. "믿지 않는 자녀를 둔 부모, 감옥에 갇힌 자녀를 둔 친구, 유전학 연구의 성과, 히브리서 11장의 신앙 영웅들은 모두 우리에게 한 가지 진리를 강하게 상기시킨다. 우리의 자녀 양육은 불완전하며, 자녀는 자기 길을 스스로 선택하며, 하나님은 이 모든 일을 신비롭고 놀라운 방식으로 사용하셔서 그의 나라를 세우신다."[9]

정말 필요한 부모의 역할

지금도 흔들림 없이 주님과 동행하는 나의 세 형제

자매들을 생각하면 가끔 우리의 어린 시절을 떠올리게 된다. 그리고 "무엇이 우리 부모님을 그렇게 특별하게 만들었을까?" 하고 생각해 본다. 나는 〈성장통〉(*Growing Pains*, 미국 ABC에서 방영된 시트콤. _옮긴이) 재방송을 아주 많이 봤고, '테크모 슈퍼볼(Techmo Super Bowl, 미식축구 게임. _옮긴이)' 게임도 정말 많이 했다. 그래놀라나 채소를 많이 먹어야 한다고 배운 적은 없었다. 식사할 때는 얌전히 입을 다문 채로 씹지도 않았다. (내 기억이 맞다면) 아버지로부터 성교육을 받아본 적도 없다. 하지만 부모님이 나를 사랑하신다는 사실은 의심한 적이 없다. 부모님이 하시는 일이 다 좋았던 것은 아니지만 나는 늘 부모님을 기쁘게 해드리고 싶었다.

부모님은 우리에게 수요일에 한 번, 일요일에 두 번씩 매주 교회에 가게 하셨다. 숙제도 하도록 했다. 명확한 규율이 있었지만, 그것은 서로를 해치지 말라는 정도의 기본적인 것들이었다. 어떠한 경우에도 욕설은 금지되었다. 물론 나도 부모님에게 그런 말을 들은 적이 없다. 엄마는 우리가 아플 때 간호해

주셨다. 아빠는 우리에게 사랑한다고 말해 주셨다. 집안에서 음란물 따위는 찾아볼 수 없었다. 아버지는 저녁이면 식탁에서 성경을 자주 읽으셨다. 규칙을 어기면 꾸중을 들었지만, 잘못했다고 말하면 그때부터는 괜찮았다. 마음속에 있는 것을 다 터놓는 대화를 나눈 기억은 별로 없다. 하지만 우리가 누구인지, 어떤 위치에 있는지, 무엇을 기대해야 하는지는 알았다. 내 아이들에게도 이와 똑같이 해줄 수 있다면 정말 기쁠 것 같다.

많은 젊은 부모들이 자신의 결정 하나하나가 자녀를 천국이나 지옥으로 향하게 만들 것이라고 지나치게 확신하는 것 같아 걱정스럽다. 한 번은 교회 행정 간사가 이런 말을 한 적이 있다. "대부분의 엄마 아빠는 자기가 세상에서 가장 좋은 부모 아니면 가장 나쁜 부모라고 생각해요. 둘 다 아닌데 말이죠." 우리 스스로가 자녀 양육을 복잡하게 만든 것은 아닐까? 정말 중요한 것은 무엇을 해주느냐가 아니라 어떤 사람인가가 아닐까? 자녀들이 자라서는 부모님이 가진 텔레비전과 과자에 대한 엄격한 규칙이 아니라 부모님이 어떤 분이셨는지를 기억할 것이다.

부모로서 나는 인내와 지혜 그리고 일관성을 갖춘 사람이고 싶다. 하지만 내가 그렇게 한다고 해서 아이들의 마음을 변화시킬 수 없다는 사실 또한 알고 있다. 내가 아이들 대신 결정을 내려줄 수는 없다. 다만 내가 책임져야 하는 것은, 내 마음을 지키고 자녀들에게 주님의 법도를 가르치는 것이다. 우리에게는 자녀를 원하는 대로 확실히 자라게 만드는 방법 같은 것은 없다. 가정예배를 드린다고, 톨킨의 저작을 읽힌다고, 영양가 있는 음식을 먹인다고 꼭 우리가 원하는 대로 자라지는 않는다. 자녀 양육의 길에 들어선지 이제 십 년이 되었다. 나는 매순간 충실한 부모가 되고자 최선을 다하고 있으며, 그러지 못했을 때에는 회개하고 같은 잘못을 반복하지 않기 위해 애쓸 뿐이다.

다섯 명의 자녀를 기르는 부모로서 나는 주님의 은혜 안에서 자녀를 양육할 때 반드시 지켜야 할 몇 가지 원칙이 분명히 있다고 생각한다. 자녀 양육에 대해 성경이 실제로 말하고 있는 내용이 무엇인지 살펴본 적이 있는가? 자녀 양육은 성경에서 핵심이 되는 주제가 아니다. 그래서 다음과 같은 몇 가지 사항 외에 구체적 지침은 나와 있지 않다. 부모는 자녀에게 하나님에 대해 가르치고(신 6:7; 잠 1-9장), 훈계하고(잠 23:13; 히 12:7-11), 자녀로 인해 감사하고(시 127:3-5), 자녀를 노엽게 하지 말라고(엡 6:4) 성경은 가르친다. 그래서 나머지 세부 사항을 채우는 것은 각자의 가정과 문화, 성령이 주시는 지혜, 수많은 시행착오에 달려 있다.

자녀의 인생을 망쳐 놓는 여러 방법이 있지만 적어도 햄버거가 그 역할을 하지는 않는다. 햄버거를 자주 먹는 것과 배교 사이에는 직접적인 연관성이 없다. 어린아이가 예배 시간에 시끄럽게 구는 것과 청소년이 되어 마약을 하게 되는 것 사이에 직접적인 연관성이 없는 것처럼 말이다. 하나님이 가르쳐 주신 기본적인 자녀 양육의 원칙만 지킨다면, 나머지 대부분의 방침이나 신념들은 그리 중요하지 않은 것은 아닐까? 물론 좋은 부모들이 자녀를 조금 더 수월하게 기르고자 매일매일 사용하는 여러 방법이 있기는 하다. 하지만 앵그리 버드 게임에 푹 빠져 있는 아이가 지금 과자 한 봉지를 입에 다 털어넣고는 벌써 이번 주에만 애니메이션 영화를 다섯 편째 보고 있다고 하자. 이런 아이가 반사회적 성격 장애일 가능성은 그리 높지 않다.

몇 해 전 알리스테어 베그 목사님이 다른 사람이 쓴 글을 인용하여 말씀하신 걸 들은 적이 있다. "어린 시절 저는 여섯 가지 지론을 가지고 있었지만 아이는 없었습니다. 그런데 지금은 아이가 여섯인데 지론은 없습니다." 나는 이분보다 시대를 앞서나가는 것 같다. 내가 지론을 전부 잃어버리는 데는 다섯 자녀로 충분했으니 말이다.

물론 내가 틀렸을 수도 있다. 내 아이들은 아직 어리다. 어쩌면 이 지론이 없다는 것이 나의 또 다른 지론일 수도 있다. 다만 자녀를 양육하는 시간이 늘어나면서 깨달은 것은 여타 다른 모든 일에는 너무 신경 쓰지 않지만 정말 중요한 몇 가지 일에 집중하려고 한다. 아이들과 함께 시간을 보내고, 성경을 가르치고, 교회에 데려가고, 함께 웃고, 함께 울고, 불순종하면 훈육한다. 내가 잘못했을 땐 "미안해."라고 사과하고, 아이들을 위해 많이 기도하는 것들 말이다. 내 자녀들이 나중에 과거를 회상하며 이렇게 생각했으면 좋겠다. "부모님이 저를 위해 무엇을 해 주셨는지는 잘 모르겠습니다. 그분들도 무엇을 하시는지 잘 모르셨던 것 같아요. 그렇지만 한 가지만큼은 늘 확신할 수 있었어요. 그것은 부모님이 저를 무척 사랑하셨다는 것 그리고 예수님을 사랑하셨다는 것입니다."

우리가 바쁜 진짜 이유는 어쩌면 두려움과 걱정 때문인지도 모른다. 지나치게 초조해하고 지나치게 헌신하고, 과도하게 양육하고 있다. 그리고 이러한 것들이 우리의 삶을 불필요하게 복잡하게 만들고 있는지도 모른다. 물론 자녀를 돌보기 위해 바쁘게 사는 것은 피할 수 없다(실제로 성경의 명령이기도 하다. 딛 2:5). 하지만 기도하고 성경을 묵상하고 조금만 상식적으로 생각해볼 여유를 가진다면, 자녀에 대한 지나친 걱정은 피할 수 있다.

한 가지만큼은
늘 확신할 수 있었어요.
그것은 부모님이 저를 무척
사랑하셨다는 것
그리고 예수님을
사랑하셨다는 것입니다.

깊음은

깊음을 부르고

진단 #5.

디지털 미디어가 당신의 영혼을 억누른다

내가 이 문제의 심각성을 처음 제대로 알게 된 것은 목회자 훈련을 받고 있는 두 학생과 대화를 나눌 때였다. 나는 매우 유명한 신대원에서 강의를 하고 있었는데, 어느 날 수업이 끝난 후 두 명의 남학생이 개인적으로 다가와 질문을 했다. 서로 소근거리며 눈빛을 교환하는 모습에서 무언가 꺼내기 어려운 말을 하려고 한다는 느낌을 받았다. 나는 그들이 음란물에 대해 이야기할 거라 확신했다. 아니나 다를까 이들은 인터넷을 절제하는 것이 어렵다고 말을 꺼냈다. 다만 그들이 중독된 것은 음란물이 아니라 소셜미디어였다. 페이스북을 보는 것을 멈출 수 없고, 블로그를 보며, 쓸데없이 웹 서핑에 몇 시간을 낭비한다고 했다. 벌써 수년 전의 일인데, 그때 나는 그들을 어떻게 도와야 할지 알지 못했다. 그때만 해도 이런 문제를 접해본 적이 없었고, 내 자신은 그 문제와 거리가 멀었다. 그로부터 5년이 지난 지금, 그 문제가 있다는 것을 알고 있을 뿐 아니라 그것은 내게도 문제가 되고 있다.

과거에 나는 블로거들을 놀리곤 했다. 페이스북을 비웃었고, 트위터를 별것도 아닌 것처럼 여겼다. 새로운 기술을 바로 수용하는 얼리어답터도 아니었다. 스티브 잡스가 무슨 일을 하는지 전혀 신경 쓰지 않았다. 새로운 기술이 적용된 상품에 열광하는 사람들을 보면 눈살을 찌푸리곤 했다. 그러다가 내가 그런 사람이 되었다. 이제 블로그를 운영하고, 페이스북 페이지를 가지고 있으며, 트위터 계정도 있다. 블루투스 헤드셋을 사용하고, 아이폰과 아이패드를 가지고 있으며, 직장과 집에서 와이파이를 사용한다. 케이블 TV, 닌텐도 WII, 블루레이 플레이어, 여러 개의 이메일 계정을 가지고 있으며, 문자 메시지도 무제한으로 사용한다. 교만은 패망의 선봉이다.

나는 1977년에 태어났기 때문에 디지털 혁명 이전의 삶을 기억할 수 있다. 대학 시절에 인터넷을 사용하려면 컴퓨터실에 가야 했는데, 그건 큰 문제가 아니었다. 이메일을 확인하고 쓸 일도 별로 없었고, 인터넷에서도 흥미로운 것을 거의 찾지 못했다. 그런데 내가 신학대학원에 다닐 무렵에는 상황이 달라졌다. 이메일은 중요한 의사소통 수단이 되었고, 인터넷은 친구들과 내가 뉴스를 접하고 함께 축구 게임을 하는 장이 되었다. 하지만 그 당시(1990년대 후반에서 2000년대 초반)만 해도 지금처럼 온라인이 삶에 깊숙이 들어온 것은 아니었다. 신대원을 다닐 때 처음으로 방에서 인터넷을 사용할 수 있었다. 전화선을 모뎀에 연결해서 사용하는 방식이었다. 무척 느렸고, 인터넷에 연결하려면 특유의 시끄러운 소리를 들어야 했다. 나는 고등학교, 대학교, 대학원 시절까지도 휴대폰을 사용하지 않았다. 불과 4-5년 전만 해도 휴대폰은 통화 용도 외에는 쓸 일이 없었고, 집에서도 인터넷은 거의 사용하지 않았다. 그 시절이 지금보다 더 순수하고 고상했다고 할 수는 없다. 다만 그때는 지금보다 덜 산만했고, 지금만큼 부담스럽지 않았다.

이제는 돌아갈 수 없다

과학기술에 대해 글을 쓰는 것은 무척 어렵다. 먼저 일부 사람들은 내가 무슨 말을 하는지 전혀 못 알아들을 수 있다. 그들은 아마도 연로해서 이러한 도구들이 얼마나 매력적인지 이해하지 못할 것이다. 주님께서 이들에게 은혜 베푸시기를 빈다. 우리가 예전에 그랬던 것처럼 현실 세계를 잘 누리시기를 빈다.

또 다른 어려움은, 지금 내가 거론하는 구체적인 내용 중에 일부는 몇 년 후에는 시대에 뒤떨어질 것이고, 거기서 또 몇 년이 더 흐르면 이 내용 전체가 다 구식이 될 것이다. 예를 들어, 요즘 대학생들은 이메일을 거의 사용하지 않는다. 이것이 나에게는 무척 놀랍다. 그들과 소통하려면 문자를 보내거나 소셜미디어에 메시지를 남겨야 한다.

세 번째 어려움은 과민 반응이다. 그리스도인들 중에는 새로운 기술에 강하게 반대하려는 경향을 가진 사람들이 있다. 기술과잉에 대한 최선의 해답은 단순히 기계를 혐오하는 것이라고 생각하는 분들도 많다. 하지만 다시는 돌아오지 못할 과거의 세상을 그리워하는 것은 아무 소용이 없다. 심지어 그 시절은 기억하는 것만큼 그렇게 장밋빛 세상도 아니었다. 나는 이 조그마한 휴대폰에 성경을 넣고 다닐 수 있어서 좋다. 주머니에 전국 도로 지도를 전부 넣고 다닐 수 있어서 좋다. 좋아하는 스포츠 경기의 점수를 바로 확인할 수 있고, 하루 종일 친구들의 소식을 접할 수 있고, 일하는 중에도 아내와 문자를 주고받을 수 있어서 좋다. 우리는 언제 어디서나 연결된 세상에 살고 있다. 분명히 예전보다 나은 점이 있다는 사실은 의심의 여지가 없다.

문제는 다 좋아지기만 한 것은 아니라는 점이다. 디지털 미디어가 늘어나고 디지털 의존도가 높아짐에 따라 새로운 성장을 이룬 부분이 있는 반면에 새로운 위험 요소도 증가했다는 사실을 알아야 한다. 여기서 문제는 디지털 혁명이 삶을 더 혼란스럽게 만드는지, 영혼과 정신 건강에 얼마나 위협이 되는지 여부가 아니다. 이러한 위협이 무엇이며 우리가 그것에 어떻게 대처할 수 있는지가 문제다.

디지털 미디어의 위험성

이미 많은 글이 인터넷에 계속 연결된 채로 있는 것에 대한 위험성을 지적하고 있다. 이와 관련된 글은 앞으로도 계속 나올 것이다. 구글이 우리를 멍청하게 만드는지, 요즘 젊은이들이 이전 세대와 비교할 때 인터넷 사용도가 더 높은지 아니면 낮은지에 대한 판단 같은 것은 다른 사람들에게 맡기겠다. 다만 디지털 혁명이 우리가 미치도록 바쁜 삶을 경험하는 데 영향을 미치는 세 가지 방식에 대해 간단히 설명하려고 한다. 이런 위협을 이해한다면 앞으로 나아갈 길을 찾을 수 있을 것이다.

첫째, 중독의 위협이다. 이 표현이 좀 과하다고 생각할지 모르지만 실제로 그만한 위협이 있다. 하루 종일 인스타그램을 보지 않고 지낼 수 있을까? 오후 내내 스마트폰을 전혀 보지 않고 보낼 수 있을까? 문자 확인을 전혀 하지 않은 채 이틀을 보내야 한다면 어떨까? 누군가 당분간 긴급한 일이 없고 새로운 업무도 없을 것이라고 약속하더라도 모니터나 스마트폰 화면에서 벗어나기 힘들어 한다. 우리 중 많은 사람은 결국 참지 못하고 분명히 화면을 들여다 볼 것이다. 며칠이나 몇 주는 말할 것도 없고 단 몇 시간도 떨어져 지내기 어렵다.

니콜라스 카는 베스트셀러인 《생각하지 않는 사람들》에서 인터넷에 대한 자신의 태도가 어떻게 변했는지 되돌아본다. 그는 "웹 2.0이 시작된" 2005년의 디지털 경험은 신나는 일이라고 생각했다. 블로그가 전통적인 출판 방식을 파괴하는 것이 좋았다. 인터넷의 속도, 편리함, 하이퍼링크, 검색 엔진, 사운드, 동영상 등 모든 것이 마음에 들었다. 하지만 어느 날 "정보의 천국에 대해 의심이 들기 시작했다."고 그는 회상한다.[1] 기존에 컴퓨터를 사용할 때와는 다르게 인터넷이 자신의 삶을 광범위하게 통제하고 있다는 사실을 깨달았다. 디지털 생활 방식에 맞추기 위해 그의 습관이 점점 변하고 있었다. 정보를 얻을 때나 심지어 작은 행동까지도 인터넷에 의존하게 되었다. 그는 주의력이 저하되는 것을 발견했다. "처음에는 이 문제가 중년에 들어서면서 머리가 무뎌져 일어나는 현상이라고 생각했다. 하지만 뇌가 단순히 일시적으로 표류하는 정도가 아니었다. 나의 뇌는 굶주려 있었다. 뇌는 인터넷이 제공하는 방식으로 정보가 제공되기를 바랐고 더 많은 정보가 주어질수록 허기를 더 느꼈다. 컴퓨터를 사용하지 않을 때조차도 이메일을 확인하고, 링크를 클릭하고, 구글에서 무언가를 검색하고 싶어 했다. 계속해서 인터넷에 연결되어 있고 싶었다."[2]

지난 몇 년 동안 내게도 똑같은 일이 일어났다. 이메일을 확인하거나 블로그를 훑어보거나 페이스북을 확인하고 싶은 충동을 느끼지 않고 일하는 시간이 채 15분이 되지 않았다. 정말 끔찍하다. 카는 이 책이 나온 후 수십 명의 사람들로부터 "인터넷이 어떻게 주의를 산만하게 하고, 기억력을 감퇴시키며, 강박적인 정보 중독자로 만들었는지"에 대한 자신의 이야기를 들려주고 싶다는 요청을 받았다고 한다. 그중 한 대학 졸업생은 대학교 3학년 때부터 "중간보다 조금 심한 정도의 인터넷 중독"으로 어려움을 겪었다는 장문의 편지를 보냈다. 그는 "어떤 것에도 깊이 있고 세심하게 집중할 수 없습니다."라면서 "제 마음이 할 수 있는 유일한 일, 곧 제 마음이 실제로 하고 싶어 하는 유일한 일은 엄청나게 쏟아지는 온라인 정보 속으로 다시 들어가는 일입니다."라고 했다. 그 편지에서 "제 인생에서 가장 행복하고 충만했던 시간은 오랜 시간 인터넷에 접속하지 않고 있을 때였습니다."라고 고백하면서도 말이다.[3] 우리 중 많은 사람이 온라인에 연결하고 싶은 충동에 매일, 매시간 시달리고 있다. 그러나 우리는 그리스도인으로서 "누구든지 진 자는 이긴 자의 종이" 된다는 사실을 알고 있다(벧후 2:19).

둘째, 아케디아(acédĭa)의 위협이다. 아케디아는 '나태' 또는 '무기력'과 거의 같은 의미의 옛 단어다. 여가를 즐긴다는 것도 아니고 그렇다고 게으른 것도 아니다. 아케디아는 무관심과 영적 건망증을 의미한다. 의미상으로는 영혼의 어두운 밤과 같으나, 특별히 극적이거나 심오하지 않고 오히려 지루하고, 평범하며, 덜 흥미로운 시간이다. 리처드 존 노이하우스는 이렇게 말한다. "아케디아는 수많은 저녁 시간이 텔레비전에 의해 소멸되는 것을 의미한다. 이 저녁 시간은 오락도 아니고 교육도 아니다. 단지 시간을 때우는 것이요, 해야 할 일들을 하지 않고 버티는 것에 불과하다. 무엇보다도 아케디아는 무관심, 다른 사람들의 삶과 그들과 함께하는 하나님의 삶과 연합하기를 거절하는 것이다."[4]

많은 사람이 온라인 활동에 몰두하는 현실은 우리 중 많은 이가 '아케디아'에 더 깊이 빠져 있다는 사실을 드러낸다. 우리는 바쁘다고 느끼지만 취미나 여가 활동이나 놀이를 하느라 그런 것은 아니다. 그냥 바쁘니까 바쁜거다. 몇 시간 혹은 몇 분의 여유가 생기면 그 시간에 무엇을 할까 고민하기보다는 디지털 세상에 들어가 시간을 그저 흘려보내는 것으로 만족한다. 이 시대는 아케디아에 너무 익숙해져서 절대 어울릴 수 없을 것 같은 분주함과 무기력이 혼재되어 있다. 이런 현상을 알아차리는 사람이 얼마나 있을까? 엄지손가락을 사용하는 데 빠져서 깊이 있는 사고는 거의 하지 않는다. 끊임없이 정보를 다운로드하지만 그것은 거의 대부분 마음 속 깊은 곳에는 도달하지 못한다. 이것이 바로 아케디아의 상태다. 분주하게 무언가를 계속하지만 그 행동엔 아무런 목적이 없다.

이 모든 것이 디지털 세상의 세 번째 위협으로 직결된다. 우리에게는 결코 홀로 있는 시간이 없다. 이 말은 우리를 감시하는 빅브라더(조지 오웰의 소설 《1984》에 나오는 감시자. _옮긴이)가 있다거나 우리 사회의 안전망에 어떤 결함이 있다는 말이 아니다. 결코 홀로 있고 싶어 하지 않는 우리의 욕망에 대해 말하는 것이다. 피터 크리프트의 말에 동의한다. "우리는 삶을 복잡하게 만들고 싶어 한다. 그래야 할 필요는 없지만 그렇게 하기를 원한다. 바쁘고 번잡하게 살기를 원한다. 무의식적으로 우리가 불평하는 바로 그것을 원한다. 여유가 생기면 자신을 돌아보고 마음을 들여다보며, 마음속에 있는 커다란 구멍을 보고 두려워하게 되기 때문이다. 그 구멍은 너무 커서 오직 하나님만이 채울 수 있기 때문이다."[5]

바쁘게 사는 이유는 어쩌면 우리가 바쁘게 사는 것이 좋다는 거짓말을 믿었기 때문일 수도 있다. 그리고 주머니 속 작고 검은 직사각형 안에 전 세계를 담고 있으면 언제 어디서든 누구와도 항상 바쁠 수 있다. 윌리엄 파워스는 《속도에서 깊이로》에서 디지털 세상을 거대한 방에 비유한다. 그 방에는 10억 명이 넘는 사람들이 살고 있다. 엄청난 크기에도 모든 사람은 서로 아주 밀접하게 연결되어 있다. 문자, 조회 수, 댓글, 트윗, 게시물, 메시지, 새 스레드 등을 이용해 언제 어디서든 서로가 서로에게 다가와 어깨를 두드릴 수 있다. 사업에 대해 말하기도 하고, 불만을 털어놓기도 하고, 비밀을 말하기도 하고, 유혹하기도 한다. 물건을 팔기도 하고, 정보를 주기도 하고, 그냥 자신의 생각이나 하고 있는 일이 무엇인지 떠들기도 한다. 이런 일이 밤낮으로 계속된다. 파워스는 이것을 "끝이 없는 인간의 상호작용이라는 축제"라고 부른다.[6]

한동안은 그 방을 엄청나게 즐겼다. 하지만 끊임없는 소음에 지쳤다. 그래서 간절히 개인적인 공간을 찾게 된다. 이 방에서는 밥 먹을 때도, 잠잘 때도, 데이트를 할 때도 누군가 어깨를 두드린다. 심지어 화장실에서 울고 있을 때도 두드린다. 그래서 우리는 잠시나마 휴가를 떠나기로 결심한다. 그런데 아무도 출구가 어디 있는지 모르는 것 같다. 그 누구도 떠날 생각이 없어 보인다. 사실 그들은 우리가 떠날 생각이 없으면서 그냥 하는 말로 여기는 것 같다. 드디어 출구를 찾아서 매혹적인 세상으로 들어가는 입구를 보게 되더라도, 그 반대편에 어떤 삶이 펼쳐질지 확신할 수가 없다. 훌쩍 뛰어넘어 바깥세상에서 무슨 일이 벌어지는지 보려면 믿음의 도약이 필요하다.

파워스가 이 비유를 통해 말하고자 하는 바는 분명하다. 톨킨의 《반지의 제왕》에 등장하는 반지처럼 우리는 이 방을 사랑하면서도 이 방을 싫어한다. 디지털 세상으로부터 독립된 공간에서 숨쉬고 싶지만 점점 더 이 방이 우리가 아는 전부가 되어간다. 다른 이들은 전부 이 방에 머물고 있는데, 어떻게 우리만 그곳에서 빠져나갈 수 있을까? 어떻게 키보드를 두드리지 않고도 시간을 보내고 생각을 채울 수 있을까? 유명 락밴드 이글스는 "호텔 캘리포니아(Hotel Califonia)"라는 곡에서 "언제든 체크아웃은 할 수 있지만 절대 떠날 수는 없어요."라고 노래했다. 많은 이들에게 인터넷이 이런 곳이다.

그런데 가장 끔찍한 점은 우리가 떠나고 싶지 않을 수도 있다는 것이다. 극도의 고요함보다 끝없는 소음을 선호하는 것은 아닐까? 하나님의 세미한 음성을 듣는 데 관심이 없는 것은 아닐까? 일상에 놓인 사소하고 산만한 일들이 사실은 바빠서 생기는 일이 아니라면, 아니 아무런 강요 없이 벌어지는 일이라면 어떨까? 사소한 일에 매달리고 산만하게 살기 위해 스스로 분주함을 선택하는 것은 아닐까? 만일 "디지털로 인한 분주함이 기쁨의 적"[7]이라면, 혼자 있는 시간을 가지기 전까지는 그곳에 갇혀 있을 수밖에 없다. 디지털 시대에 파스칼의 유명한 말이 새롭게 들린다. "나는 인간이 불행한 원인이 방안에 조용히 박혀 지내는 법을 모르는 까닭이라고 말해 왔다."[8]

그런데 머무르던 방에서 나올 수 있는 방법이 없는 것은 아니다.

깊은 문제는 깊은 진리로

우리가 할 일은 무엇인가? 이런 세상에서 이런 위험을 안고 살고 있다면 어떤 대응책이 있을까? 몇 가지 제안할 내용이 있다. 주로 실용적인 것들이지만 좀 더 신학적인 것들도 있다.

과학기술이나 '진보'에 대해 적절히 의심할 줄도 알아라. 이미 과학기술은 여러 면에서 우리의 삶을 개선한다고 말했다. 그러므로 온/오프 스위치가 있는 모든 전자기기를 사용하지 말자는 이야기를 하려는 것은 아니다. 다만 과학기술 혁명이 일어나기 전에도 사람들은 잘 살아왔고, 오늘날에도 이런 기술을 사용하지 않고도 충분히 잘 살 수 있다는 것을 인식한다면 과학기술로부터 조금은 '거리두기'를 할 수 있을 것이다. 닐 포스트먼은 과학기술을 "자연 질서의 일부로 받아들여서는 안 된다."고 말했다. 그러면서 "IQ 테스트부터 자동차, 텔레비전, 컴퓨터에 이르기까지 모든 과학기술은 특정한 경제적, 정치적 맥락에서 출현했다. 이러한 과학기술은 삶을 더 낫게 만들기도 하지만 그 반대도 가능한 어떤 프로그램이나 의제, 철학의 산물이다. 따라서 과학기술을 사용할 때는 반드시 면밀한 검토와 비판과 통제가 필요하다."는 것을 이해해야 한다고 했다.[9]

좀 더 사려 깊게 행동하고 상대방에 대한 이해심을 키우라. 최근에 나는 한 친구가 이메일을 보낼 때 매우 간결하게 보내고, 그 메시지 말미에는 항상

'이메일 헌장'을 볼 수 있는 링크를 첨부한다는 사실을 발견했다. 몇 주 동안은 (바쁘다는 핑계로) 무시하고 있었는데, 결국 호기심이 발동하여 그 링크를 클릭하게 되었다. 뜻밖에도 그 '헌장'에는 이메일 사용 시간을 줄여주는 유용한 조언들이 담겨 있었다. '네/아니오'로 대답할 수 없는 질문은 하지 말 것, 내용 없는 답장은 보내지 말 것, 참조메일은 꼭 필요한 경우에만 사용할 것, 즉각적인 응답은 기대하지 말 것과 같은 내용이었다.

그동안 내가 얼마나 조급하게 굴었는지를 돌아보면서 깜짝 놀랐다. 누군가에게 문자를 보내면 몇 초 안에 답장 받기를 기대한다. 이메일을 보낼 때는 두어 시간 정도면 답장을 받으리라고 생각한다. 그 대상이 친구일 때는 단 몇 분 안에 답장을 받을 수 있을 것이라 여긴다. 분주함을 줄이는 것은 공동체가 함께 이뤄가야 할 작업이다. 답장을 느리게 보내는 것이나 답장 내용이 짧은 것은 무례한 행동이 아니라는 것을 알아야 한다. 내가 발송 버튼을 클릭할 때마다 곧장 상대방이 반응해야 한다고 기대하지 말자.

의도적으로 '오래된' 기술을 사용해 보라. 디지털 기기에 의존하고 싶지 않다면 그것을 사용하지 않으려고 노력해 보자. 종이 책을 읽어보자. 손 편지를 써보자. 좋은 펜을 사보자. 누군가에게 전화를 걸어보고, 종이사전으로 단어도 찾아보자. 운전할 때 라디오도 끄고 블루투스 연결도 해제해보자. 조깅할 때 이어폰을 빼보자. 오프라인 상점에도 들려 보자. 유별난 사람이 되라는 게 아니다. '오랫동안 해온' 방식이 오히려 더 즐거울 수 있는 몇 가지 것들을 다시 시도해보자는 것이다.

제한을 정하고, 그것을 지키기 위해 힘써 싸우라. 모니터나 스마트폰 화면에 매여 있는 삶에서 벗어나기 위해 취할 수 있는 가장 간단한 방법은 가장 어려운 방법이기도 하다. 항상 연결된 상태로 있어서는 곤란하다. 잠자리에는 스마트폰을 가져가서는 안 된다. 교회에서 인스타그램을 확인해서는 안 된다. 식사 때는 문자를 보내서는 안 된다. 지난해에 저녁 식사 중에 내가 트위터를 하는 문제로 아내와 심하게 다툰 적이 있다. 아내의 지적이 옳았고, 다시는 저녁 식사 중에 트위터를 하지 않겠다고 약속했다 (지금까지 지키고 있다).

대부분의 가정에서 해볼 수 있는 방법이 있다. 커다란 바구니를 하나 마련해서 매일 특정 시간(저녁 식사 시간? 가정예배 시간? 취침 시간? 아빠가 집에 돌아오는 시간? 등)에는 모든 스마트폰과 태블릿, 노트북을 거기에 담아두는 것이다. 우리 대부분은 이미 오래전부터 하루 중 일정 시간 동안(어쩌면 하루 종일) 디지털 기기 앞에 앉지 않는 화면 안식일이 필요했다. 또한 스마트폰을 확인하는 것으로 하루를 시작하고 마치지 않는다면 새로운 자유를 찾을 수 있을 것이다. 우리를 바쁘게 만드는 여러 습관 중에 최악은 아마도 잠자리에 들기 직전이나 아침에 일어난 직후에 스마트폰을 확인하는 습관일 것이다.

디지털 시대의 위험에 대처하려면 기독교 신학이 필요하다. 앞서 이야기한 상식적인 제안은 많은 이들이 쉽게 수긍할 수 있다. 그런데 우리 안에 있는 가장 깊은 문제는 역시 가장 깊은 진리를 통해서만 해결이 가능하다. 창조 교리를 통해 인간이 만든 물건이 인류 번영과 하나님의 영광을 위한 도구가 될 수 있음을 알게 된다. 그렇기에 신기술을 무조건 배척하지 않는다. 우리에게는 영원 전에 우리를 택하시고, 하루를 천 년처럼 천 년을 하루처럼 여기시는 하나님이 계신다. 그래서 최신 유행과 트랜드를 무작정 따르지 않을 수 있다. 하나님이 이 땅에 성육하신 사실을 믿기에 물리적 공간에서 육체를 가지고 살아가는 사람들과 함께 살아가는 것을 대체할 수 있는 다른 수단이 없다는 것을 이해한다. 따라서 가상 만남으로 피와 살을 가진 사람과의 관계를 대체할 수 있다고 생각하지 않는다.

우리 자신은 하나님의 형상을 지닌 존재요 하나님의 자녀라는 사실을 안다. 그렇기에 굳이 자신이 중요하고 가치 있으며 사랑받는 존재임을 확인하기 위해 인터넷을 돌아다닐 필요가 없다. 우리는 우리 안에 도사리고 있는 죄의 위험을 알기에 온라인에서 접할 수 있는 잠재적인 우상 숭배와 유혹을 인식하고 경계할 수 있다. 우리 자신이 타락한 피조물이며 인간이기에 가질 수밖에 없는 한계를 받아들일 수 있다. 우리가 깊이 있는 관계를 맺을 수 있는 사람의 숫자는 한정되어 있다. 또한 세상에서 벌어지고 있는 일의 진정한 의미를 알지 못한다. 동시에 여기저기에 다 있을 수 없다.

디지털 시대의 가장 큰 거짓말은 모든 것을 할 수 있고, 모든 정보를 알 수 있으며, 모든 곳에 있을 수 있다는 말일 것이다. 우리는 이러한 것들 중 어느 것도 할 수 없다. 그러므로 우리는, 우리의 부재, 무능력, 무지를 선택해야 한다. 그리고 해야 할 일, 알아야 할 정보, 있어야 할 곳을 현명하게 선택해야 한다. 이 유한성을 빨리 받아들일수록, 더 빨리 자유로워진다.

유한성을 빨리 받아들일수록,
더 빨리 자유로워진다.

삶의 리듬을

찾을 때

진단 #6.
휴식이 없이는 멀리 가지 못한다

주간 회의가 끝날 무렵, 제이슨이 뭔가 불편한 말을 하려는 것 같았다. 제이슨은 좋은 친구이자, 벤과 함께 나의 목회를 돕는 최고의 부목사 중 한 명이다. 우리는 한 시간 넘게 여러 안건들을 논의했다. 그때 제이슨이 한 가지 더 이야기하고 싶은 것이 있다고 말했다.

"목사님, 휴일은 잘 지키고 있으신가요?"

나는 최근 몇 주간 특히 바빴고, 예상하지 못한 일이 연거푸 생겼다고 말했다. 제이슨은 내 말에 공감해 주었다. 그는 규율을 엄격하게 따지는 사람은 아니었지만 그때는 조금 더 파고들었다.

"휴일을 꼭 가지셔야 합니다."

"자주 그러고 있어요."

"매주 가지셔야 해요."

"지금까지 월요일에 쉬었는데, 아이들이 학교에 다니기 시작하면서 토요일로 바뀌었어요. 그런데 설교 준비가 항상 토요일로 넘어가더라고요. 그래서 주중에 몇 번은 오전에 집에서 시간을 보내려고 노력하고 있어요. 필요할 때는 점심을 집에서 먹기도 하고요."

"목사님에게는 온종일 쉴 수 있는 날이 필요합니다." 제이슨이 다시 한 번 말했다. "목사님이 안식일에 대해 어떤 신학을 가졌든지 간에, 지금처럼 계속할 수는 없습니다."

"그래요. 맞아요. 뭔가 바뀌어야 해요."

안식일은 사람을 위한 것

안식일을 바르게 이해하기는 생각보다 어렵다. 어떤

그리스도인들은 십계명의 네 번째 계명에 비추어 거의 변한 것이 없으며, 일요일이 이제 그리스도인의 안식일이 되었다고 믿는다. 또 어떤 사람들은 안식일이 그리스도 안에서 성취되었기에 우리에게 주어진 주중 일상을 채우는 것에 대해 완전한 자유가 있다고 주장한다. 소수의 그리스도인들은 토요일이 여전히 안식과 예배를 위해 적절한 날이라고 믿는다. 이러한 중요한 차이점에 대한 글들은 많이 나와 있다.[1] 개인적으로는 그레고리 빌이 내린 다음의 세 가지 결론에 동의한다.

첫째, 창세기 2장 3절의 일곱째 날 기념과 이스라엘의 안식일 규례는 그리스도의 부활로 인해 일주일의 첫째 날로 옮겨졌다.

둘째, 이스라엘의 안식일을 지키는 방식(모든 세부적인 요구 사항 포함)은 폐지되고 창조 명령으로 돌아간다. 이 명령을 지키는 것은 하나님의 창조적 안식을 기념하고, 그리스도께서 그 안식에 들어가

셨고 신자들이 그 안식에 들어가기 시작했음을 축하하며, 믿는 자들이 그 안식에 온전히 들어가게 될 것을 미리 바라보는 것이다.

셋째, 그리스도의 오심으로 이스라엘의 독특한 안식일 계명이 성취된다. 그리스도는 이스라엘의 메시아로서 이스라엘의 종말론적 출애굽을 완성하시고, 참 이스라엘과 종말론적 성전을 대표하시기 때문이다.[2]

보다 간단하게 말하면 우리는 구원을 위해 오직 그리스도 안에서만 안식해야 한다. 물론 주일에 예배를 드리고, 매주 일상적인 노동을 멈추고 휴식을 취할 만큼 하나님을 충분히 신뢰해야 한다는 원칙은 여전히 남아 있다.[3] 주중에 극도로(extraordinarily) 바쁜 삶을 살아내기 위해서는 일요일에 하나님이 베풀어 주시는 평범한(ordinary) 수단이 필요하다.

일요일에 구체적으로 '해야 할 일'과 '하지 말아야 할 일'이 무엇인지에 대한 의견은 사람마다 다를 수 있다. 그러나 그것과 관계없이 모든 그리스도인이 우리를 흙으로 지으신 하나님께서 정기적인 휴식 시간까지 만들어 주셨다는 사실에 동의할 수 있기를 바란다. 하나님은 안식을 창조 질서 안에 두셨고, 그의 백성에게 지키라고 명령하셨다. 하나님은 일요일에 아이들에게 낮잠을 자게 하거나 일주일 중 하루를 지루하고 무료하게 살게 하시려고 안식일을 계획하신 것이 아니다.

하나님은 사람을 위해 안식일을 만드셨지 안식일을 위해 사람을 만드신 것이 아니다(막 2:27). 하나님은 우리에게 안식일을 선물로 주셨다. 우리가 해야 할 일이 바다와 같이 넓다면 안식일은 그 바다에 떠 있는 섬과 같다. 안식일은 일종의 시험이다. 우리 자신의 일보다 하나님의 일을 더 신뢰하는지를 확인하는 기회다. 적절한 휴식을 취하지 않고 몇 주를 보내는 것이 네 번째 계명을 어기는 것일까? 그럴 수도 있고 아닐 수도 있다. 하지만 이런 행동은 스스로의 중요성을 과대평가하는 것이고 조금은 어리석은 일이다. 만약 삶의 목표가 평생 열심히 일하며 하나님을 최대한 영화롭게 하는 것이라면, 규칙적으로 쉬는 리듬을 가지는 것보다 더 중요한 일은 없다.

리듬이 없는 삶

일은 좋고 여가는 나쁘다고 생각하는 사람들(즉, 일하기 위해 쉰다는 사람들)은 쉽게 찾을 수 있다. 여가는 좋고 일은 나쁘다고 생각하는 사람들(즉, 쉬기 위해 일한다는 사람들)도 쉽게 찾을 수 있다. 하지만 성경에 따르면, 일과 쉼 모두 하나님의 영광을 위한 것이라면 좋은 것이 될 수 있다.[4] 성경은 열심히 일하는 사람을 칭찬한다(잠 6:6-11; 마 25:14-30; 살전 2:9, 4:11-12: 살후 3:10). 동시에 쉼의 미덕도 찬양한다(출 20:8-11; 신 5:12-15; 시 127:2). 일과 쉼은 둘 다 어울리는 자리가 있다. 다만 각각을 적절한 자리에 배치하기가 쉽지 않다.

많은 사람이 스스로 삶이 버겁다고 느끼지만 실제로는 생각만큼 바쁘지 않은 경우를 자주 본다. 이런 사람들의 공통점은 그들의 삶에 하루, 한 주, 한

해를 보내는 리듬이 없다는 것이다. 이전 장에서 살펴본 것처럼 과학기술이 가져온 위험 중 하나는 일과 쉼의 경계가 사라져서 삶이 뒤죽박죽 엉키게 되었다는 것이다. 우리는 퇴근 후에 집에 와서도 업무를 완전히 멈추지 않는다. 그래서 다음 날 직장에서 다시 업무로 복귀하는 것이 힘든 것이다. 일상을 잃어버렸고, 삶에는 규칙이 사라졌다. 일에 몰두하지도 못하고, 또 쉼을 온전히 누리지도 못한다. 사무실에서 짬짬이 유튜브를 보면서 멍 때리기도 하고, 집에 돌아와서는 TV를 보면서 밀린 업무상 이메일을 확인하기도 한다.

이렇게 하는 것이 고용주 입장에서는 효과적일 수 있고, 직장인들도 자유롭다고 느낄지도 모른다. 하지만 시간이 지날수록 이런 방식으로 하는 일의 효율성은 떨어지게 된다. 집중해서 일할 때와 의도적으로 휴식할 때를 구분하는 규칙적인 일상이 사라진 곳에서는 결국 일에 대한 흥미도 떨어진다.

얼마 전 〈월스트리트 저널〉은 올림픽에 4번이나 출전한 버나드 라가트에 대한 흥미로운 기사를 실었다.[5] 케냐 출신의 미국 시민권자인 라가트는 1,500m에서 5,000m까지 미국 육상 기록을 7개나 보유하고 있다. 이 기사를 보면 그의 달리기 비결 중 하나는 달리지 않는 것이라고 한다. 라가트는 11개월 동안은 강도 높은 훈련을 하고 대회에 출전한다. 그리고 나서 "운동화를 신발장에 넣고 5주 동안 마음껏 먹습니다. 달리기는 하지 않고요, 윗몸 일으키기도 안 합니다. 아들의 축구팀에 가서 코치를 하면서 살을 4kg이나 찌도록 내버려둡니다." 그는 1999년부터 매년 가을 이렇게 쉬는 기간을 가졌다고 한다. 라가트는 "휴식은 좋은 것"이라고 하면서 이렇게 운동하지 않는 기간을 "순전한 축제"라고 부른다. 세계 최고의 선수에게도 휴식이 필요하다. 사실 휴식이 없으면 최고가 될 수 없다. 노는 시간은 단순히 방종이나 악덕이 아니다. 무엇인가를 해내기 위해 반드시 필요한 시간이다.

사람들은 보통 인생을 단거리 경주가 아니라 마라톤에 비유한다. 하지만 실제로는 트랙 운동에 더 가깝다. 열심히 달리고 또 열심히 쉬는 것이다. 경사도 있는 구간을 오르고 나서 이온 음료를 마신다. 계단 오르내리기 운동을 한다. 200번씩 하기도 하고 400번씩 하기도 한다. 그 사이에 중간중간 휴식 시간을 가진다. 이런 휴식 시간이 없으면 우리는 그 운동을 끝까지 해내지 못한다. 일을 계속하고 싶다면 중간에 멈추는 법도 알아야 한다. 이런 것은 이스라엘 사람들의 달력에서 배워야 한다. 하루에도 쉬는 시간이 필요하고, 일주일마다 휴일을 가져야 하고, 일 년 중에 일정 기간은 재충전의 시간으로 써야 한다. 쉬지 않고 달리면서 끝까지 잘 달리기를 기대할 수는 없다.

　　우리는 보통 의욕 감퇴와 집중력 저하를 이겨내는 방법이 더 오래 일하는 것이라고 생각하곤 한다. 그런데 휴식이야말로 정말 필요한 해독제가 될 때가 많다. 가끔은 방황하면서 꾸물거리는 것이 최고의 준비일 때가 있다. 낮잠을 자고, 자전거를 타고, 노래를 부르고, 그 다음에 막혔던 일을 해보자. 땅을 묵히지 않으면 추수할 수 없다. 항상 '전력투구' 할 수 있는 것은 아니다. 이스라엘 사람들의 달력을 생각해 보자. 그들에게는 잔치할 때와 금식할 때가 있었다. 하나님은 그들에게 매일, 매주, 매월, 주기별, 연도별 그리고 몇 년에 걸쳐 있는 삶의 리듬을 미리 정해 주셨다. 이것은 그들이 경건하게 살게 하는 일일뿐만 아니라 그들의 생산성을 높이는 일이기도 했다.

이런 점에서 우리 삶에 리듬이 점차 사라지고 있다는 점은 매우 염려스럽다. 우리에게는 건강한 일상이 없다. 잔치할 때와 금식할 때를 구분하지 못한다. 저녁과 아침의 느낌이 다르지 않다. 주일은 그 의미를 잃었다. 모든 것이 뒤섞여서 흐릿해졌다. 수도꼭지에서는 물이 계속 새어 나온다. 삶은 불만족스럽고, 그렇게 흘러가다가 질병, 탈진, 우울증에 빠진다. 제이슨이 나에게 그렇게 강경하게 말한 것도 내가 이런 나락으로 떨어지는 것을 원하지 않았기 때문이다.

사랑하는 사람에게 잠을 주신다

일과 쉼을 적절히 가지는 삶은 매년 휴가를 떠나고 매주 하루를 쉰다고 이루어지는 것이 아니다. 어떻게 보면 매일 조금이라도 더 숙면을 취하기 위해 애쓰는 삶이라고 보는 것이 적절해 보인다. 잠언에는 게으른 사람이 침대에 누워 있는 모습이 많이 나온다. 그런데 이것은 일하기 싫어서 굶고 마는 사람, 손으로 일하기보다는 적선 받는 것을 좋아하는 사람을 염두에 둔 표현이다. 결코 침대에 누워 있는 시간을 가능한 한 줄이라는 경고가 아니다. 하나님은 우리를 잠이 필요한 존재로 만드셨다. 만일 잠을 자지 않고도 살아갈 수 있다고 생각한다면, 하나님이 주신 잠이라는 선물을 하찮게 여기는 것이 된다(시 127:2). 또 그 이면에는 하나님 없이도 잘 살 수 있다는 교만이 도사리고 있다.

우리는 보다 중요한 활동을 위해 잠을 줄이는 것을 더 낫게 여기는 경향이 있다. 하지만 우리에게 몸을 주신 분은 하나님이시다. 만일 우리가 오랜 시간 잠을 자지 않는다면 몸은 상하고 정신은 피폐해진다. 하나님은 우리를 이처럼 유한하고 연약한 존재로 만드셨다. 하나님은 인생의 1/3을 꼼짝없이 하나님만 의지하고 아무것도 하지 않고 지내도록 만드신 것이다. 잠자리에 드는 것은 마치 "하나님, 당신을 믿습니다. 제가 없어도 아무 문제없습니다."라고 고백하는 것과 같다. 우리는 새벽 4시나 5시에 일어나 기도했던 위대한 성인들의 이야기를 서로에게 들려주곤 한다. 그런데 전기가 없던 그 시절 사람들은 해가 지면 곧 잠자리에 들었기에 다들 일찍 일어났다는 사실은 자주 놓친다. 과거의 영웅들은 대부분 우리보다 훨씬 더 많이 잤을 것이다. 대부분의 사람이 하루에 4-5시간만 자야 한다면 성공이 아니라 생존을 걱정해야 할 것이다.

통계에 따르면 현대인의 수면 시간은 그 어느 시대보다 적다. 미국인의 평균 수면 시간은 100년 전보다 2시간 반 정도 줄었다.[6] 미국 질병통제예방센터에 따르면 4,000만 명이 넘는 미국인의 하루 수면 시간이 6시간도 되지 못한다고 한다.[7] 우리는 종종 미라클 모닝을 자랑하지만, 연구에 따르면 수면 부족은 당뇨병과 비만과 같은 문제를 가져올 수 있다.[8] 우리를 잠자리로 인도하던 환경적 요인은 점점 사라지고, 더 오래 깨어 있게 하는 디지털 미디어의 유혹은 계속 늘어나는 오늘날의 환경에서 우리는 필요한 만큼의 수면을 취하지 못하고 있다.

자연의 한계를 무시하면 대가를 치르게 되어 있다. 시간은 빌려올 수는 있어도 훔쳐올 수는 없다. 오전 8시까지 제출해야 할 과제가 있다고 하자. 마지막까지 미루다가 전날 밤을 꼬박 새워서 과제를 끝내는 것은 영리한 행동으로 보일 지도 모른다. 자정부터 아침 사이의 시간은 어차피 침대에 누워서 낭비하는 시간이지 않은가? 과제는 무사히 완성했고 기껏해야 하룻밤의 수면만 놓친 셈이니 아주 잘하지 않았는가!

하지만 이것은 시간을 빌린 것일 뿐이다. 당신에게 주어진 시간이 늘어난 것이 아니다. 목요일에 잠을 못 자면 금요일은 온종일 피곤할 것이다. 금요일을 별 탈 없이 보낸다고 해도 토요일에는 5시간을 더 자게 될 것이다. 만일 주말에 수면을 보충하지 못하면 그 다음 주에 몸이 아플 가능성이 높다. 그 다음 주에 몸이 아프지도 않고 잠을 보충하지도 않은 상태로 계속 일한다면 집중력이 현저하게 떨어질 것이다. 아니 지칠 대로 지친 상태에서 교통사고를 당할 수도 있다. 또는 친구에게 상처를 줘서 관계에 문제가 생기고, 이를 회복하는 데 몇 주가 걸릴 수도 있다. 우리는 시간을 훔칠 수 있다고 생각하지만 실제로는 그런 일은 일어나지 않는다. 수면 시간은 마음대로 조종할 수 있는 게 아니다. 우리가 빌리는 수면 시간이 길어질수록 우리 몸(또는 하나님)은 그 시간에 대한 대가를 더욱 강하게 요구할 것이다. 이자까지 쳐서 말이다.

몇 해 전에 D. A. 카슨이 신앙을 방해하는 여섯 가지 원인에 대해 설교할 때, 그 원인 중 하나로 '수면 부족'을 제시해서 깜짝 놀란 적이 있다. 세계 최고의 석학 중 한 분이 낮잠 자는 것이 우리의 영적 의무일 수 있다고 말한 것이다! 그의 조언을 들어보자.

계속해서 무리해서 일을 하면 사람이 점점 냉소적이 된다. 그런데 냉소에서 의심의 단계로 넘어가는 경계는 매우 얇다. 물론 사람마다 필요한 수면 시간이 다르고, 남들보다 피로를 덜 느끼는 사람도 있다. 그런데 만약 당신이 잠이 부족하면 짜증이 잘 나고, 냉소적이 되고, 의심도 많아지는 사람이라면, 당신에게는 충분한 수면을 위해 노력할 윤리적 의무가 있다. 인간은 복합적이면서도 단일한 존재다. 인간의 신체는 영적 건강, 정신적 상호작용, 타인과의 관계, 하나님과의 관계 등과 서로 긴밀하게 얽혀 있다. 어떤 때는 이 세상에서 우리가 해야 할 가장 경건한 일은 밤새 기도하는 것이 아니라 숙면을 취하는 것일 때가 있다. 분명히 밤새 기도해야 할 때도 있다는 사실을 부인하는 것은 아니다. 다만 일반적인 상황에서 적절한 수면을 취하는 것은 영적 훈련의 필수 과정이라고 할 수 있다.[9]

적절한 수면을 취하는 것이 말처럼 쉽지 않은 일이라는 것을 잘 안다. 특히 어린 자녀를 둔 부모나 불면증이 있는 분들은 더 그럴 것이다. 하지만 대부분은 조금 일찍 잠자리에 드는 것만으로도 삶이 크게 나아진다. 자정 전에 잠자리에 드는 것이 도저히 불가능한 날도 물론 있다. 하지만 어떤 때는 그 시간에 꼭 하지 않아도 되는 프로젝트를 시작하기도 하고, 스마트폰을 보면서 30분을 허비하기도 한다. 아무 생각 없이 스포츠 경기를 보면서 45분을 더 쓰거나 1시간 동안 더 책을 읽기도 한다. 그 덕분에 다음 날 아침 일찍 일어나 성경을 읽으려던 계획을 지키지 못한다.

저녁 8시부터 자정 사이에 무슨 일을 하고, 또 무슨 일을 하지 않는지 주의 깊게 살펴보면 깜짝 놀랄 것이다. 아마도 주범은 야식이나 카페인 혹은 유튜브일 것이다. 어쩌면 저녁 시간에 하는 일을 줄여야 할지도 모른다. 나로서는 당신이 무엇을 바꿔야 할지를 판단하기는 어렵다. 하지만 내 삶에 변화가 필요하다는 것은 알고 있다. 늘 수면이 부족한 상태로 살아갈 수는 없다. 6시 30분에 일어나고 싶다면 12시가 아니라 11시에는 자야 한다. 우리 대부분은 이미 어마어마한 양의 수면 시간을 빌려 왔다. 하루라도 빨리 조금씩 갚아 나가기 시작할수록 우리가 하는 일에도, 영혼에도, 사랑하는 사람들에게도 더 유익할 것이다.

쉼에는 계획이 필요하다

휴식에 대해 다루고 있는 이번 장이 힘들게 느껴지는 이유는 쉬는 것이 그만큼 어렵기 때문이다. 하나님을 신뢰하는 것이 어려운 만큼 내려놓는 것도, 멈추는 것도 어렵다. 사람들이 바쁜 현실에 대해 이야기할 때 주로 일을 너무 열심히 해서 문제라고 생각한다. 하지만 진짜 문제는 일을 적절히 분배하지 못하는 것이다. 일주일에 80시간을 일하면서 한 번도 아이들을 돌보지 않고, 배우자와 대화도 하지 않는다면 사람들은 그런 사람을 일 중독자라고 부른다. 물론 그가 최선을 다해 자신의 일을 했다는 것은 분명하다. 하지만 아빠(또는 엄마), 남편(또는 아내), 하나님의 마음에 합한 자가 되는 일은 소홀히 하는 것이다.

우리 모두는 일을 줄이고 휴식 시간을 가져야 한다는 정도는 인식하고 있다. 그런데 휴식 시간을 가지려면 열심히 일해야 한다는 사실은 잘 모른다. 휴식에도 계획이 필요하다. 일정이 없는 시간을 만들어야 한다. 모든 사람이 이렇게 해야 한다. 계획을 세우지 않으면 우리 삶은 질서도 없고, 정신도 없고, 경계도 사라진 채 바쁘기만 하게 된다. 일과 쉼이 조화된 삶을 살려면 계획을 세워야 한다.

그런데 계획보다 중요한 것이 경건한 습관을 가지는 것이다. 나는 주일에 예배드릴 시간을 가지는데 어려움을 겪은 적이 없다. 단 한 번도 없었다. 그 시간이 다른 일과 겹치는 일도 없었다. 주일 오전 11시에는 다른 약속을 잡을 고민을 하거나 그 시간에 다른 업무를 끼워 넣어서 같이 처리해야 한다는 부담을 느낀 적도 없다. 왜 그럴까? 평생의 습관이기 때문이다. 나는 주일에는 교회에 간다. 이것이다. 정해져 있다. 내가 그렇게 계획을 세운 것이다. 주일에는 일정이 빼곡히 들어차 있지만 편안하게 보낼 수 있다. 아침에 일어나서 성경을 읽고, 기도하고, 설교문을 확인한다. 아침을 먹고 교회에 가서 기도하고, 설교하고 또 설교하고 사람들과 교제한다. 그리고 집에 와서 점심을 먹고 낮잠을 잔 후, 설교문을 확인하고 교회에 간다. 이런 리듬은 나에게 목적과 질서를 준다. 그리고 활력을 준다.

이런 리듬이 없다면 나는 주일을 버텨낼 수 없다. 마찬가지로 인생도 리듬이 없으면 오래 버티지 못한다. 일하지 않는 시간이 필요하다. 그렇지 않으면 쉴 수가 없다. 잠잘 시간도 꼭 있어야 한다. 그렇지 않으면 갚을 수 없는 시간을 계속 빌려야 한다. 하나님의 세계에서 나는, 도무지 쉴 여유가 없을 정도로 중요한 역할을 맡고 있는 사람이 아니다. 오히려 하나님은 내가 쉬지 않을 도리가 없게끔 명확한 한계를 주셨다.

안식일은 일종의 시험이다.
우리 자신의 일보다
하나님의 일을 더 신뢰하는지를
확인하는 기회다.

09

짐을 지는

삶

진단 #7.

짊어져야 할 십자가도 있다

앞선 장에서 10가지, 7가지 혹은 3가지 목록을 살펴 보았다(40가지나 144,000가지 목록이 아닌 것이 어딘 가!). 이번 장은 결론부터 말하고 시작하겠다. 우리가 바쁜 이유는 바빠야 하기 때문이다.

바쁨에 관한 책을 쓰면서 (거의) 마무리를 이런 식으로 하는 것이 이상하게 보일 수도 있다. 하지만 이것은 7가지 원인 중 한 가지일 뿐 유일한 원인이 아니다. 만일 이것이 이 책이 제시하는 유일한 주제 였다면 당신은 이렇게 생각할지도 모른다. "그래, 인 생이 원래 괴롭지 뭐! 난 원래 압박감 속에 살아 왔어.

그냥 가족은 소홀히 대하고, 네 시간밖에 못 자고, 녹초가 되도록 정신없이 사는 게 인생이지. 잘됐네. 그럼 애들은 태권도 도장에나 등록시켜 버려야겠다."

이 책에 앞부분이 있는 이유는 우리가 이렇게 느끼면 안 되기 때문이다. 분주함은 큰 문제다. 심각한 영적 위험을 가져온다. 그러니 이번 장이 전부라고 생각해서는 안 된다.

그렇다면 이번 장이 필요한 이유는 무엇일까? 나는 우리가 자기 자신과 세상을 위해 할 수 있는 최선의 일이 무엇인가를 고민할 때, 어려운 요청은 전부 거절하고, 여가를 즐기며, 성대한 '나만의 파티'를 여는 것이라고 여기지 않기를 바란다. 업무가 과중하면 안 되고, 다른 사람을 위해 희생하는 것도 안 되고, 고통이 수반되면 절대 안 된다고 생각하지 않았으면 한다. 창의적이고 꿈이 있으며 사랑을 아는 사람은 바쁘게 살기 마련이다. 우리는 열방을 제자로 삼아야 한다. 우리는 일을 해야 한다. 마음을 다해 하나님을 사랑해야 한다. 아기를 낳고 길러야 한다. 바쁜 것은 죄가 아니다. 열심히 사는 것은 잘못된 게 아니다.

분주함의 문제는 시간 관리를 잘한다고 해결되지 않는다. 지금까지 살펴본 것처럼 그것은 정신적인 문제요 마음의 병이기 때문이다. 올바른 성품을 가지고 하나님을 바르게 의지하는 사람은 과중한 업무에 몰두하면서 타인을 섬기고 상대방의 짐을 나눠 지느라 하루하루를 숨가쁘게 살면서도 미친 듯이 바쁘다고는 느끼지 않을 수 있다. 반대로 실제로 해내는 일은 별로 없으면서도 엄청난 스트레스로 허덕이는 사람도 있다. 영혼의 분주함을 나태함이나 무관심으로 해결할 수 없다. 분주함을 몰아내고 싶다면 적절히 쉬고, 삶에 리듬을 가지며, 교만한 자아를 죽이고, 자기 자신의 유한성을 받아들이고, 하나님의 섭리를 인정해야 한다.

일이 많아서 바쁜 것이 문제가 아니라 잘못된 이유로 바쁜 것이 문제다. 사람을 기쁘게 하기 위해, 다른 사람을 통제하기 위해, 부름 받지 않은 일을 하다보니 분주하게 되는 것 말이다. 그러니 내 말을 일 자체가 나쁘다거나 짐을 지는 것을 나쁘게 여긴다는 의미로 받아들이지 않기 바란다. 일은 인생의 일부다. 그리스도인은 필연적으로 일하는 사람이다. 팀 크레이더는 〈뉴욕 타임스〉에 "청교도는 하나님이 일을 형벌로 주셨다는 사실은 잊어버리고, 일을 미덕으로 만들었다."고 썼다.[1] 그는 청교도도 잘 모르고 하나님도 잘 모르는 것이 분명하다. 우리는 처음부터 동산을 경작하고, 이 땅에 충만하게 퍼져서 다스리는 존재로 만들어졌다. 인간에게 형벌로 주어진 것은 일이 아니라 그 위에 덧씌워진 고통과 가시덤불이었다. 우리는 처음부터 바쁘게 살도록 지음 받았다.

섬김은 고난이다

바쁜 것을 힘들어하는 이유 중 하나는 그 일로 고통을 겪을 거라고 전혀 예상하지 못하기 때문이다. 많은 서구 그리스도인들은(내가 대표적인 경우다) 삶에 고통이 없을 거라고 너무 쉽게 단정해 버린다. 물론 언젠가 암에 걸릴 수도 있고 한동안 직장을 구하지 못할 수도 있을 것이다. 어쩌면 한밤중에 걸려온 전화 한 통 때문에 가슴이 두근댈 수도 있다. 이런 것들은 하나같이 끔찍한 상실을 경험하게 한다. 하지만 어느 누구도 매일매일이 힘겨울 것이라고 기대하지는 않는다. 생각하지 못한 고난을 겪으면 그에 따른 고통은 더 파괴적으로 느껴진다.

우리는 바쁘게 살아가는 것 자체가 짊어져야 할 십자가의 일부일 수 있다는 생각을 하지 않는다. 하지만 어린 자녀를 양육하는 일은 쉬운 일이 아니지 않은가? 목회자가 교인을 돌보는 것은 원래 힘겨운 도전이지 않은가? 누군가의 친구가 된다는 것, 아니 단순히 그리스도인이 된다는 것 자체가 많은 시간을 필요로 하며, 부담스럽고, 엄청 바쁘면서도 매우 비효율적인 일이지 않은가?

아지스 페르난도는 "섬김은 고난이다"라는 멋진 글에서 "피로로 인해 멍해진 상태에서" 선교 사역을 하는 것에 관해 썼다.[2] 그는 전쟁으로 인해 황폐하고 복음에도 적대적인 나라에서 섬기고 있는 자신을 동정하는 사람들이 여럿 있다고 했다. 페르난도 자신도 스리랑카에서의 사역 자체가 매우 힘들 수 있다고 인정한다. 실제로 함께 섬기는 사역팀의 간사 한 명이 최근에 끔찍한 폭행을 당한 후 살해된 일도 있었다. 하지만 여러 고난 가운데 가장 뼈아프게 다가오는 고통은 함께 일하는 사람들과의 관계에서 오는 것이라고 했다. 페르난도는 "사람을 섬기려면 반드시 고난을 겪게 된다."고 이야기한다.

그런 다음 그는 '선진국'에 사는 우리가 자세를 바르게 하고 메모지를 준비한 다음 경청해야 할 이야기를 들려준다.

나에게는 도움이 필요할 때 기도를 요청할 사람들이 많다. 가끔은 육신의 피로를 이겨내게 해달라고 기도 부탁을 하기도 한다. 그러면 사람들은 하나님께서 나를 강하게 해주시고, 감당해야 할 일들을 잘 해내도록 인도해 달라고 기도한다는 답장을 보낸다. 그런데 동양 출신과 서양 출신 친구들의 반응이 다르다. 서양 친구들 중에는 피곤과 싸워야 할 만큼 과중한 업무를 감당하는 것은 하나님께 불순종하는 것이라고 생각하는 이들이 많다는 느낌을 강하게 받는다. 내 의견은 이렇다. 병에 걸리도록 자기 자신을 몰아붙이면서까지 불안하게 사역하는 것은 잘못이다. 하지만 우리가 바울을 본받아 사람들을 섬기고자 할 때에는 어느 정도의 육체적 피로는 감내해야 한다.

이 내용을 염두에 두고 이어지는 단락을 더 읽어 보자.

시간을 효율적으로 다스리는 법을 찾기 위해 애써 온 서양인들은 휴식의 필요성에 대해 동양인들에게 가르쳐 줄 것이 많다. 반면에 동양인들은 사람을 섬기고자 할 때 따라오는 육체적 곤경을 어떻게 다스리는지에 대해 서양인들에게 가르쳐 줄 것이 있다. 사역으로 인해 육신이 고난을 겪는 것이 잘못이라고 생각하는 사람은 무언가를 결실하고 이루고자 할 때, 고통 자체를 당연히 거치는 과정으로 받아들이는 사람에 비해 문제가 생겼을 때 그 고통을 더 힘겹게 느낄 것이다.

몇 년 전 이 글을 처음 읽었을 때, 나는 잠시 멈추어서 고민한 후에 바로 회개해야 했다. 내가 얼마나 빨리 자기 연민에 빠졌는지. 무거운 짐을 만나면 얼마나 빨리 내가 짊어질 짐이 아니라고 생각해 버렸는지. 다른 이들을 섬기다가 피곤해지거나 질병으로 고생하는 것은 하나님이 결코 원하는 것이 아니라고 얼마나 빨리 단정했는지 모른다.

이 장의 내용이 지금까지 이 책에서 이야기한 경고와 처방을 약화시킬 수 있다는 사실을 잘 알고 있다. 또한 이 내용이 결코 앞에서 이야기한 항목들을 부정하지 않는다는 사실을 충분히 분별할 수 있으리라 믿는다. 나는 개인적인 경험을 통해 어떤 형태의 분주함은 하나님이 주신 것이며, 하나님께 영광을 돌리는 것임을 알게 되었다. 효과적인 사랑은 효율적이지 않다. 사람을 알아가는 데는 시간이 걸린다. 관계를 쌓는 일은 복잡하다. 누군가를 사랑한다면, 때때로 바쁘고 때로는 힘겨운 것이 당연하지 않은가?

아무리 계획을 잘 세우고 안식일이나 휴가를 통

해 재충전을 해도 삶이 버겁게 느껴질 때가 있다. 이 책을 작업하는 동안 나는 일정에 큰 부담 없이 비교적 평온한 날들을 보냈다. 하지만 다시 일터로 복귀하자 모든 일이 한꺼번에 덮쳐왔다. 휴가를 마치고 돌아온 사람은 누구나 이런 일을 겪는다. 지난번 연구 휴가를 마치고 돌아온 다음날이었다. 나는 장로님들과 모임을 가지고, 교역자들과 회의를 하고, 한 커플의 결혼식을 위한 준비 모임을 가지고, 예정에 없던 장례식에도 가야 했다.

거기에다가 일상적으로 하는 이메일과 전화 응대, 설교 준비까지 해야 했다. 지난 몇 주 동안 이 책을 쓰느라 분주함이라는 주제와 씨름했지만 복귀하자마자 일이 쏟아져 들어왔다. 이 책에서 다룬 어떤 내용도 업무에 복귀할 때 맞이하는 일 폭탄을 막아주지 못했다. 하지만 분주함이 항상 나쁜 것은 아니며 피한다고 피해지는 일도 아니라는 사실을 기억하는 데는 도움이 되었다. 삶에는 어려움이 있기 마련이다.

관계로 인한 염려

나는 고린도후서 11장 28절이 잘 이해되지 않았다. 목사가 되기 전까지는 그랬다.[3] 바울은 예수님을 위해 당했던 일들을 고백한다. 감옥에 갇히고, 채찍질과 매 타작을 당하고, 돌에 맞고, 배가 난파되어 바다에서 표류하고, 밤을 지새우고, 배고픔과 목마름에 시달리고, 추위와 헐벗음에 내버려지는 등 온갖 곳에서 모든 사람으로부터 위험한 일을 겪었다(23-27절).

그리고 마지막에 한 가지 시련을 추가한다. "이 외의 일은 고사하고 아직도 날마다 내 속에 눌리는 일이 있으니 곧 모든 교회를 위하여 염려하는 것이라(28절)." 바울은 자신이 섬기는 사람들을 위해 '재물을 사용하고' 자기 '자신까지도 내어주'는 것을 기쁨으로 여겼고(12:15), 아픔을 당하는 사람 같지만 늘 기뻐하는(6:10) 위대한 사도였다. 바울은 상상할 수 있는 모든 반대에 직면했지만 그 안에서 자족하기를 배웠고(빌 4:11), 아무것도 염려하지 않았다(4:6). 이런 바울이 이 모든 것을 견뎌냈음에도 고린도후서 11장 28절에서 여전히 모든 교회를 위해 날마다 눌리고 염려한다고 고백한다.

목사가 된 이후로는 이 구절에서 남다른 위로를 얻게 되었다. 바울이 했던 일을 하고 있다거나 바울이 겪었던 고난을 겪고 있어서는 아니다. 하지만 진지하게 자신의 일을 하는 목사라면 교회에 대해 이런 부담을 지게 된다. 심지어 바울에게는 부담을 주는 교회가 한두 곳이 아니었다! 당신이 목사가 아니더라도 바울이 무엇을 말하고자 하는지 알 것이다. 그는 인간 관계에서 생기는 아픔에 대해 말하는 것이다.

초기 기독교 공동체도 (오늘날의 기독교 공동체처럼) 서로 다투고 뒤에서 험담하는 일로 가득했다. 그들은 거짓 교훈과 맞서 싸워야 했다. 한편에서는 율법주의, 다른 편에서는 방종의 유혹을 받고 있었다. 일부 교인들은 사소한 문제를 너무 중요하게 여겼고, 또 다른 쪽에서는 기독교의 본질적인 부분마저 기꺼이 타협하려 했다. 바울은 이런 교회들을 사랑했다. 그래서 자신이 난파당하고 옥에 갇히는 것보다 그들의 어려움을 더 무겁게 느꼈다.

바울이 매일같이 압박감에 시달렸다는 사실은 그렇게 놀랍지 않다. 그의 사역은 결코 줄어들 기미가 보이지 않았다. 편지도 써야 했고, 각 교회를 방문해야 했으며, 예루살렘 교회를 위한 헌금도 모아야 했다. 사람들을 여기저기 보내고, 멀리서 개척한 여러 교회를 돌봐야 했다. 그를 향한 수많은 비판에 대응해야 했는데, 그 비판들은 종종 내용이 상충되었다. 어떤 사람들은 바울이 너무 과격하다고 했고, 어떤 이들은 너무 유약하다고 했다. 금욕적인 사람들은 그를 세속적이라 했고, 방탕한 사람들은 그가 윤리적으로 너무 엄격하다고 했다.

그들은 바울의 가르침을 문제 삼았을 뿐 아니라 사도의 자격까지도 의문을 제기했다. 바울이 다른 사도들보다 부족하다고 보았다. 심지어 거짓 사도들보다도 못하다고 여겼다. 돈을 관리하는 방식이나 설교 스타일까지 못마땅하게 여겼다. 여행 일정을 짜는 방식과 그가 내리는 권징도 마음에 들지 않앗다. 어떤 날에는 그냥 바울을 싫어했다. 이 모든 것이 그들을 그리스도께 인도하고, 아버지처럼 사랑하며, 교회로 세우고, 그들의 금전적 지원을 마다하고, 영적 유익을 위해 자기 목숨을 내어놓은 한 사람을 대하는 태도였다. 바울에게는 하나님의 백성을 돌보는 일만큼 무거운 짐은 없었다.

바울은 모든 면에서 바쁘게 살았다. 다만 그는 올바른 방식으로 바쁘게 살았다. 하나님을 사랑하고 다른 사람들을 섬긴다면 우리도 바쁘게 살 것이다. 때때로 우리는 당황하고, 압박감을 느끼고, 피곤하고, 낙담하고, 지칠 것이다. 그리고는 이렇게 말할 것이다. "누가 약해지면, 나도 약해지지 않겠습니까?(고후 11:29, 새번역)." 이럴 때에도 용기내길 바란다. 하나님은 약한 이들을 사용하셔서 강한 이들을 부끄럽게 하신다(고전 1:27).

하나님의 은혜는 우리에게 충분하고, 하나님의 능력은 약한 데서 온전해진다(고후 12:9). 그리스도를 위해 우리는 약함, 모욕, 고난, 핍박, 재난 중에도 자족할 수 있다. 당연히 바쁘게 살면서도 자족할

09 짐을 지는 삶

수 있다. 우리가 약할 때, 그때에 강하기 때문이다(10절). 바울은 압박감에 시달렸다. 우리도 압박감을 느낄 것이다. 그러나 하나님은 그것을 감당할 수 있으시다. 그러니 온갖 일로 정신없이 바쁜 주간을 보낼 때도 놀라지 말라. 그 혼란한 가운데서 하나님이 당신을 붙들어 지탱하신다는 사실에 놀라지 말라.

일이 많아서 바쁜 것이
문제가 아니라
잘못된 이유로 바쁜 것이
문제다.

반드시 해야 할

한 가지

바쁨을 주제로 한 책의 문제는 바쁜 사람들이 읽는
다는 것이다. 이 책의 마지막 장까지 읽지 못했을 가
능성이 높다. 그래도 여기까지 읽었다면 아마도 뭔가
큰 보상을 기대할 것 같기도 하다. 삶을 단순하게 해
주는 다섯 가지 방법이라든지 정서적 안정을 되찾기
위한 열 가지 계획, 사십 일 안에 덜 바쁜 사람이 되기
위한 간단한 12단계 프로그램 같은 것들 말이다.

　　나는 스스로를 바꿔주는 자기 계발 방법 같은
것을 제시할 수 없다. (사람마다 다르겠지만 이렇게 하
는 것이 더 낫다고 생각한다.) 나는 당신의 망가지고 바

10 반드시 해야 할 한 가지

쁜 삶을 고칠 수 없다. 내 인생을 헤쳐 나가는 것만으로도 충분히 버겁다. 다만 당신에게 줄 수 있는 것은 반드시 해야 할 한 가지 실천 사항이다. (결과가 보장되지 않는) 한 가지 계획 정도로 이해하길 바란다.

그렇지만 그것이 당신을 예수님께 더 가까워지게 할 것이다.

분주한 일상에서 벗어나게 해주는 가장 좋은 방법이라는 점도 깨닫게 될 것이다.

마리아와 마르다

누가복음 10장 말미에 가면 예수님이 하신 설교 중 분주함과 가장 가까운 내용을 찾아볼 수 있다. 성경 전체에서 볼 때 한 단락밖에 안 되는 매우 미미한 분량이고, 그 안에 예수님의 말씀은 단 두 절에 불과하다. 긴 설교를 감당하기 어려운 바쁜 사람들을 위한 배려가 아니었을까? 어쨌든 당시에도 꼭 필요한 메시지였고, 오늘날 우리에게도 꼭 필요한 내용을 담고 있다.

그들이 길 갈 때에 예수께서 한 마을에 들어가시매 마르다라 이름하는 한 여자가 자기 집으로 영접하더라 그에게 마리아라 하는 동생이 있어 주의 발치에 앉아 그의 말씀을 듣더니 마르다는 준비하는 일이 많아 마음이 분주한지라 예수께 나아가 이르되 주여 내 동생이 나 혼자 일하게 두는 것을 생각하지 아니하시나이까 그를 명하사 나를 도와 주라 하소서 주께서 대답하여 이르시되 마르다야 마르다야 네가 많은 일로 염려하고 근심하나 몇 가지만 하든지 혹은 한 가지만이라도 족하니라 마리아는 이 좋은 편을 택하였으니 빼앗기지 아니하리라 하시니라(눅 10:38-42).

이 이야기를 몇 번을 읽어도 나는 항상 마르다 편에 서게 된다. 그 현장에 찾아가 항의하고 싶을 정도다. "예수님, 어떻게 그런 무책임한 행동을 부추길 수 있나요? 말씀을 가르치고 배우는 일이 중요하다는 것은 압니다. 하지만 지금은 그럴 때가 아니잖아요. 청소하고 봉사하는 일은 멈추고 모두 다 예수님

발 앞에 앉아 예배하고 기도하라고요? 그러면 집은 엉망이 되고 아무도 저녁을 먹지 못할 거라고요."

물론 나는 이런 생각을 공개적으로 드러내지는 않는다. 모범으로 삼아야 할 사람은 마르다가 아니라 마리아라는 사실은 알고 있다. 그럼에도 예수님이 너무 현실을 모르신다는 생각을 지울 수 없다. 누군가는 이런 일들을 해야 한다. 하루 종일 책만 읽거나 설교만 듣고 있을 수는 없다. 목사인 나도 그렇게 살지 못한다. 우리 가족에게는 내가 필요하다. 교회와 정부, 심지어 친구들도 모두 내가 맡은 여러 일들을 전부 잘 처리해주기를 바란다. 수도사들이나 개인적으로 조용히 기도원에 방문한다면 마리아처럼 하는 것이 적합하겠다. 하지만 그런 방식으로 인생을 살아갈 수는 없다.

게다가 마르다는 중요한 일을 하고 있었다. 스마트폰을 붙들고 귀여운 고양이들이 춤추는 동영상을 보고 있던 게 아니다. 마르다는 성경 말씀대로 사람들을 섬기고 있었다(롬 12:7; 벧전 4:11). 우리에게는 마르다가 필요하다. 섬기는 역할을 하는 사람이 필요하다. 성실히 일하기를 좋아하는 사람이 필요하다. 누군가는 설거지를 해야 하고, 누군가는 의자를 정돈해야 한다. 누군가는 식탁을 정리하고 청소기를 돌려야 한다. 그래야 마리아와 같은 이들이 영적인 깨달음을 얻을 수 있다.

좋은 것 그리고 가장 좋은 것

분명 마르다는 이렇게 생각했을 것이다. 많은 사람이 이렇게 생각한다. 이해 못할 바가 전혀 없다. 그런데 예수님은 다르게 바라보신다. 마르다는 예수님께 이 상황을 정리해달라고 요청했다(눅 10:40). 마르다의 생각은 이러했다. "예수님이 분명히 이 상황을 보시면 내가 얼마나 힘든지 아실 거야. 다른 사람들을 섬기러 오신 분이 지금 마리아가 나를 얼마나 힘들게 하는지 모르실 리 없어. 분명히 예수님은 내 편이 되어 주실 거야."

그런데 예수님은 그렇게 하지 않으신다.

먼저 예수님은 마르다의 이름을 두 번 부르신

다. "주여 주여(8:24)," "예루살렘아 예루살렘아(13:34)," "시몬아, 시몬아(22:31)"에서 볼 수 있듯이 반복은 격렬한 감정을 드러낸다. "마르다야 마르다야" 하시는 모습을 보면 예수님이 화나신 것 같기도 하다. 그러나 나는 이 장면에서 예수님이 온화하게 마르다를 진정시키고 계신다고 생각한다. "예수께서 본래 마르다와 그 동생과 나사로를 사랑하시더니(요 11:5)." 예수님은 마르다 가족 모두를 사랑하셨다. 마르다는 친절한 여인이었다. 손님을 환대하며 후하게 대접했다. 예수님은 화가 나신 게 아니었다. 다만 자신의 친구 마르다가 여동생이 보고 있는 것을 바라보기 원하셨던 것 같다.

예수님은 "마르다야 마르다야" 부르시고는, "네가 많은 일로 염려하고 근심하"고 있다고 말씀하신다. 새한글성경은 그녀가 "많은 일을 걱정하며 마음 졸이고 있"다고 번역한다. 메시지 성경은 "마르다야, 사랑하는 마르다야, 네가 지나치게 염려하여 아무것도 아닌 일로 호들갑을 떨고 있구나."라고 번역한다. 우리도 그렇게 한다. 걱정하고, 마음 졸이고,

염려하고, 근심하고, 고민하고, 지나치게 호들갑을 떨고, 힘들어하면서 하루하루를 산다. 또 정신없이 바쁘게 한 달을 살고 또 그 다음 한 달을 살아낸다. 온갖 곳에 얼룩이 생기고, 학교에서는 과제가 쏟아지고, 싱크대에는 설거지가 쌓이고, 손님은 갑작스레 찾아온다. 책임져야 할 일들이 몰려오는 현실에서 우리는 심각한 공황 상태로 내몰린다. 디도서 3장 3절을 빌리자면, 우리는 여러 정욕과 향락의 노예로 살아가며, 악의와 시기심을 가지고 하루하루를 보내고, 남에게 미움을 받고 서로를 괴롭히며 살아간다. 우리는 정말 바쁘게 산다. 하지만 정말로 중요한 일에는 신경조차 쓰지 못하고 있다.

이 이야기의 가장 중요한 핵심은 이것이다. "마르다야, 네가 얼마나 근심에 쌓여 있는지는 나도 안단다. 그런데 정말 중요한 것은 한 가지란다. 마리아는 내 발 앞에 앉아서 배우고 예배하는 그 좋은 것을 택했다. 나는 마리아에게서 이 일을 빼앗고 싶지 않단다. 네가 바쁜 것은 잘못이 아니지만 그게 최선은 아니란다." 물론 이 장면을 모든 일상생활의 청사진으로 삼아서는 안 될 것이다. 만일 하나님이 우리에게 아무것도 하지 않고 바닥에 다리를 꼬고 앉아 일기만 쓰라고 하셨다면 성경은 지금보다 훨씬 얇았을 것이다. 마리아를 통해 우리가 배워야 할 점은 어디 수도원에 들어가 일평생 명상만 하며 살라는 것이 아니다. 이 이야기는 우리의 우선순위 목록의 최상단에 무엇을 놓아야 하는지를 강력하게 보여준다.

나는 이 이야기에서 "마음이 분주한지라(40절)" 이 구절이 가장 중요한 부분이라고 생각한다. 마르다는 어떤 잘못도 하지 않았다. 단지 더 나은 것에서 멀어졌을 뿐이다. 저녁 식사 준비에 너무 바쁜 나머지 영적인 면에서 예수님께는 남은 음식을 드리고 있었다. 나는 소위 초딩 입맛을 가지고 있어서 처음 접하는 음식은 썩 좋아하지 않는다. 그리고 남은 음식을 먹는 것은 정말로 싫어한다. 그런데 우리도 우선순위를 제대로 두지 않으면, 하나님께 그저 남은 음식을 드리는 것에 불과하다. 정신없이 바쁜 하루를 산다고 해서 하나님이 하늘에서 우리를 노려보시지는 않으신다. 하지만 하나님은 우리가 '좋은 것'을 놓치고 있다는 것을 아신다. 하루를 살아가면서 틈날 때마다 '하나님께 속한 일'을 채워 넣는 것으로는 충분하지 않다. 홀로 있든지 모여서 있든지 상관없이 예수님의 발 앞에 앉는 일은 저절로 이루어지지 않는다. 예수님께 배우고 예수님과 함께하는 시간을 인생의 최우선순위에 둘 때에 비로소 가능해진다.

우선순위가 핵심이다. 누군가 당신의 삶을 일주일 동안 촬영한다고 가정해 보자. 이것을 낯선 사람들에게 보여주었을 때, 그들이 당신의 삶에서 찾은 '좋은 것'은 무엇일까? 당신이 날마다 반드시 하는 한 가지를 무엇이라고 생각할까? 빨래 개기? 집안 청소? 이메일 확인? 인스타그램에 게시물 올리기? 쓰레기 분리수거? 스포츠 경기 시청? 당신이 해야 할 일이 많다는 것을 잘 알고 있다. 나도 할 일이 참 많다. 삶에서 신경 써야 할 여러 일 가운데 과연 우리는 예수님의 발 앞에 엎드리는 것이 반드시 필요한 한 가지 일이라고 솔직하게 말할 수 있을까? 행동으로 보여줄 수 있을까?

예수님의 발 앞에 앉는 일

지친 몸을 이끌고 정신없이 하루하루를 살아내는 삶에 진저리가 나서 이제는 삶의 질서를 회복하고 싶다면? 이를 위해 딱 한 가지만 해보겠다면? 내가 줄 수 있는 최고의 조언은 이렇다. 하나님의 말씀과 기도에 온 힘을 쏟으라. 이것은 공적인 예배와 개인적인 예배를 의미한다. 여기에 얼마나 많은 시간을 할애해야 한다는 말을 하려는 것이 아니다. 하루에 5분으로 시작할 수도 있고, 15분, 50분으로 시작할 수도 있다. 단 몇 분이라도 차분하게 집중하는 것이 방만하게 한 시간을 쓰는 것보다 낫다. 이따금씩 생각날 때 몰아서 해버리는 것보다 꾸준하고 일관된 습관을 가지는 것이 더 좋다. 고등학생 시절부터 경건의 시간을 가졌고, 그때부터 이 시간을 지키기 위해 고군분투해온 한 사람으로서 나는 분명히 말할 수 있다. 예수님의 발 앞에 앉는 것보다 삶을 더 평온하게 만들고 질서 있게 하는 실천 사항은 없다.

이런 식으로 책을 마무리하는 것이 위험하다는

것을 알고 있다. 율법주의로 빠질 수도 있고, 신앙의 자유와 은혜를 훼손할 수 있는 잠재적으로 해로운 움직임일 수 있다. 개인 경건 시간의 추구는 율법주의의 강력한 보루 중 하나다. 그렇기에 우리가 매일 해야 할 일을 생각할 때마다 먼저 그리스도께서 우리를 위해 이미 하신 일을 분명히 기억해야 한다. 그분이 일하셨기 때문에 우리는 쉴 수 있다. 그분이 자기 생명을 내어놓으셨기에 우리도 교만 때문에 생기는 분주함을 내려놓을 수 있다. 그분이 우리에게 하신 약속을 모두 지키셨기에 실패 속에서도 계속 그분에게 돌아갈 수 있다. 1년 안에 성경 일 독을 하지 않으면 주님이 진노하셔서 당신을 벌하실 것이라는 율법 같은 것은 세울 생각이 없다.

하지만 매일 그리스도와 함께하는 시간을 우선순위로 삼는 것만큼 그리스도에 대한 우리의 헌신을 잘 보여주는 일은 없다. J. C. 라일은 이렇게 말했다. "사람은 거짓된 동기를 가지고 복음을 전파할 수 있다. 책을 쓰고, 명연설을 하고, 부지런히 선한 일을 하는 것처럼 보일 수 있지만 가룟 유다가 될 수도 있다. 사람이 자신만의 골방에 들어가 하나님 앞에 자기 영혼을 쏟아놓지 않는 한, 진지한 사람이 될 수 없다."[1] 사람들은 당신이 식사기도를 하는지 하지 않는지 안다. 주일에 예배에 참석하는지도 알고, 구역 모임과 같은 소그룹에 잘 참여하는지도 안다. 그러나 당신이 자신만의 은밀한 골방에 들어가 기도하는지는 알지 못한다.

많은 사람처럼 나도 바쁜 삶을 살다가 엉망이 된 내 일상을 보고 어디서부터 손대야 할지 모를 때가 많다. 운동을 좀 더 하고 싶기도 하고, 먹는 것에도 더 신경을 쓰고, 가계부도 좀 쓰고, 자동차에 좋아하는 라디오 채널도 미리 설정해 두고, 파일도 순서대로 정리하고, 공기주입기 같은 작은 물건들이 어디에 있는지도 바로 알고 싶다. 하루하루를 항상 살얼음판을 걷는 기분으로 사는 짓은 그만두고 싶다. 이럴 때면 유혹이 밀려온다. 이 모든 일을 한꺼번에 해결하거나 아니면 전부 그만 두고 싶다. 하지만 가장 좋은 방법은 예수님의 계획으로 시작하는 것이다.

하나님은 매일 우리 모두에게 24시간을 주셨다.

그것은 완전히 평등하게 분배된 유일한 자원이다. 그리고 대부분의 경우, 그 시간을 자신이 가장 중요하다고 생각하는 일을 하는 데 사용한다. 나는 조깅을 좀더 하기를 원하지만 실제로 중요하게 생각하는 것은 집에서 책을 읽거나, 늦게까지 일하거나, 잠을 좀 더 자는 것임이 분명하다. "예수님과 좀 더 시간을 보내야 해!" 외치며 자신이 가진 의지의 힘에 기대는 것으로는 바꿀 수 없다. 이런 방식은 오래가지 못한다. 우리에게는 믿음이 필요하다. 하나님의 말씀을 듣는 것이 좋은 것임을 믿는 믿음, 날마다 우리에게 주어진 기회 중 제일 좋은 것이 바로 예수님의 발 앞에 앉는 것이라고 믿는 믿음 말이다. 정말로 이것이 제일 좋은 것이라고 믿지 않는 한 우리는 우선순위를 바꾸지 않을 것이다.

찰스 두히그는 그의 저서 《습관의 힘》에서 사람들이 나쁜 습관을 가장 효과적으로 바꾸는 방법은 '핵심 습관(keynote habit)'이라고 칭하는 하나의 유형에 집중하는 것이라고 주장한다.[2] 두히그의 책 전체를 모두 살펴보지 않더라도 이 제안에 담긴 지혜를 이해하는 것은 어렵지 않다. 우리를 바쁘게 만드는 수천 가지 삶의 영역이 아니라 한 가지 특정한 습관에 집중하면, 그 한 가지 영역에서뿐 아니라 다른 많은 영역에서도 습관을 고칠 가능성이 높아진다.

예를 들어, 매일 하나님의 말씀을 읽고 기도하는 시간을 반드시 가지겠다는 목표를 확고히 정하면 어떤 일이 일어날지 생각해 보자. 아마도 아침에 일찍 일어나 성경을 읽고 기도할 시간을 확보하기 위해 (아니면 오후에 졸지 않기 위해서라도) 더 일찍 잠자리에 들기로 결심할 것이다. 또 일찍 자려고 늦은 시간에 음식 먹는 것을 삼가게 될 것이다. 밤에 꼭 보려고 한 것도 아닌 텔레비전 프로그램을 보거나 특별한 목적 없이 웹 서핑하는 것을 한 번은 더 고민하게 될 것이다. 집안이 좀 어질러져 있다고 해도 예수님의 발 앞에 앉는 더 좋은 것을 선택했다는 생각에 스트레스를 덜 받을 수도 있다. 퇴근 후에 더 이상 업무용 이메일을 확인하지 않거나 아예 모니터를 치워버릴 수도 있다. 우리 삶을 살펴보면 마르다가 아닌 마리아처럼 사는 삶을 방해하는 자잘한 일들이 정말 많다.

우리가 누리게 될 영적 유익은 훨씬 크다. 말씀과 기도로 주님과 함께 시간을 보내면 번잡스럽고 골치 아픈 일들을 새로운 시각으로 바라보게 된다. 영원하신 분 안에서 시작하는 하루는 사소한 문젯거리나 길게 늘어선 해야 할 일들이 덜 중요하게 느껴진다. 예수님의 발 앞에 앉음으로써 더욱 예수님을 닮아가게 된다. 더 인내하고, 더 사랑하고, 더 사려 깊은 사람이 될 것이다. 우리 눈앞에 있는 스마트폰 화면이 주님이 주시는 것과 같은 만족을 주지 못한다는 것을 알게 될 것이다. 지혜는, 어제 혹은 34초 전에 읽었던 소셜미디어에서 생기는 것이 아님을 알게 될 것이다. 불평을 최소한으로 줄이고, 십자가에 시선을 고정하는 법도 배울 것이다. 주변에 있는 사람들을 더 많이 섬기는 사람이 될 것이다.

폴 트립이 목회에 대해 한 말은 다른 모든 일에도 동일하게 적용된다. "경건한 삶이 뒷받침되어야만 우리의 사역에 동기와 인내, 겸손, 기쁨, 사랑, 열정, 은혜가 넘칠 수 있다. 날마다 나의 부족함을 인정하고, 주 예수 그리스도의 은혜를 묵상하며, 매일 그분의 말씀에서 회복의 지혜를 받아들일 때, 주님으로부터 받은 은혜를 사람들에게 힘 있게 전할 수 있다."[3] 어쩌면 그리스도께 헌신하는 것이야말로 진정으로 우리에게 필요한 유일한 것일지도 모른다.

예수님을 충분히 소유하라

나는 이 책을 쓸 때 다른 누구도 아닌 바로 나 자신을 염두에 두었다. 나는 추진력이 매우 좋다. 책임감과 의무감이 아주 강하다. 사람들을 실망시키는 것을 싫어한다. 일을 미루는 것을 좋아하지 않는다. 늦는 것도 싫어한다. 아침에 일어나면 바로 움직이기 시작한다. 나는 내가 마르다와 비슷한 성향을 가졌다는 것을 알기에 마리아와 관련된 이야기들을 많이 했다. 많은 사람이 나와 비슷할 것이다. 우리는 바쁘게 사는 것을 싫어한다. 하지만 반드시 바꿔야겠다고 여길 만큼 충분히 싫어하지는 않는 것 같다. 바쁜 일상이라는 저주와 싸우려면 더 강력한 방법이 필요하다.

누가복음 10장을 유심히 살펴본 적이 있는가?

마르다와 마리아가 나오기 전에 어떤 이야기가 나오는지 말이다. 예수님은 일흔 명의 제자들을 다른 동네로 보내서 전도하게 하신다. 그 제자들은 병자를 고치고, 귀신을 쫓아내고, 복음을 전한다. 예수님은 이 전도여행이 매우 성공적이었다고 생각하셔서 사탄이 하늘에서 번개처럼 떨어지는 것을 보셨다고 말씀하셨다(18절). 그리고 후반부에는 사마리아인의 비유를 말씀하신다. 그는 나그네를 불쌍히 여기고, 이웃을 사랑하며, 이웃의 유익을 위해 불편을 감수했다.

누가가 왜 이 모든 일 다음에 마리아와 마르다 이야기를 배치했는지 보이는가? 사실 이것은 우연히 이 자리에 놓인 것이 아니다. 하나님은 누가복음 10장에서 우리가 한 가지 사실을 깨닫게 되기를 원하셨다고 믿는다. 병자를 고치고, 귀신을 쫓아내고, 복음을 전하고, 자비를 베풀고, 정의를 행하더라도 예수님의 발 앞에 앉지 않는다면 우리는 진정으로 꼭 해야 할 한 가지를 놓친 것이다. 누군가를 돕는 것보다 중요한 한 가지는, 바로 자신이 먼저 말씀으로 가르침 받고 영적으로 채워지는 것이다.

하나님의 말씀과 기도를 위한 시간을 일관되게 만드는 것이 출발점이다. 분주한 일상에서 벗어나게 할 수 있는 유일한 힘이 바로 예수님과 함께하는 것이기 때문이다. 누가복음 10장 38-42절은 신명기 8장 3절 말씀을 이야기 형식으로 표현한 것이다. 사람은 "떡으로만 사는 것이 아니요 여호와의 입에서 나오는 모든 말씀으로" 산다. 우리가 예수님을 더 많이 받아들이지 못한다면 광기어린 세상의 요구에 "아니오."라고 답할 수 없을 것이다. 생명의 떡 대신 더 맛있는 저녁 메뉴를 택하고, 예수님의 발 앞 대신 세상의 화려함을 택하고, 축복보다 분주함을 택하게 될 것이다.

피곤한 것은 잘못이 아니다. 압박감을 느끼는 것도 잘못된 것이 아니다. 혼란의 시기를 겪는 것도 잘못이 아니다. 충분히 피할 길이 있는데도 그러지 못해 가슴을 치고 후회할 만큼 어리석은 잘못이 하나 있다. 바로 예수님을 충분히 소유하지 못해서 누구도 원하지 않는 혼잡하고 분주한 삶을 사는 것이다.

병자를 고치고,
귀신을 쫓아내고,
복음을 전하고,
자비를 베풀고,
정의를 행하더라도

예수님의 발 앞에
앉지 않는다면
우리는 진정으로
꼭 해야 할 한 가지를
놓친 것이다.

미주

---

02 피해야 할 세 가지 위험

1 Tim Chester, *The Busy Christian's Guide to Busyness* (Nottingham, England: Inter-Varsity Press, 2006), 9-10쪽.

2 Richard A. Swenson, *Margin: Restoring Emotional, Physical, Financial, and Time Reserves to Overloaded Lives* (Colorado Springs: NavPress, 2004), 114쪽에서 인용.

3 Swenson, *Margin*, 115쪽.

4 Chester, *Busy Christian's Guide*, 10쪽.

5 Swenson, *Margin*, 115쪽.

6 Swenson, *Margin*, 46쪽.

7 Chester, *Busy Christian's Guide*, 115쪽.

8 앞의 책, 69쪽.

9 John Calvin, *Commentary on a Harmony of the Evangelists*, vol. 2 (Grand Rapids, MI: Eerdmans, 1949), 116쪽.

10 Tim Kreider, "The 'Busy' Trap," *New York Times*, June 30, 2012

03 천의 얼굴을 가진 악당

1 Steve Chandler, *Time Warrior: How to Defeat Procrastination, People-Pleasing, Self-Doubt, Over-Commitment, Broken Promises and Chaos* (Anna Maria, FL: Maurice Bassett, 2011). 스티브 챈들러, 《타임 워리어》(골든북미디어 역간)

2 앞의 책, xi-xii쪽.

3 앞의 책, 21쪽.

04 과도한 의무감

1 내가 쓴 "The Pleasure of God and the Possibility of Godliness," in *The Hole in Our Holiness* (Wheaton, IL: Crossway, 2012)를 참고하라. 케빈 드영, 《그리스도인의 구멍 난 거룩》(생명의 말씀사 역간)

2 Tim Dearborn, *Beyond Duty: A Passion for Christ, a Heart for Mission* (Federal Way, WA: World Vision, 1997).

3 Kevin DeYoung and Greg Gilbert, *What Is the Mission of the Church: Making*

Sense of Social Justice, Shalom, and the Great Commission (Wheaton, IL: Crossway, 2011), 183-186, 225쪽 참조. 케빈 드영, 《교회의 선교란 무엇인가》(부흥과개혁사 역간). 내가 쓴 글("Stewardship, Obligation, and the Poor," at http://www.9marks.org /journal/obligation-stewardship-and-poor.)도 참조하라.

05 일을 늘리는 습관

1 Peter Drucker, *The Effective Executive: The Definitive Guide to Getting the Right Things Done* (New York: Harper Business, 2006), 26쪽. 피터 드러커, 《피터 드러커의 자기경영노트》(한국경제신문사 역간)

2 Anne-Marie Slaughter, "Why Women Still Can't Have It All," *The Atlantic*, July/August 2012.

3 앞의 글에서 인용.

4 Dave Crenshaw, *The Myth of Multitasking: How "Doing It All" Gets Nothing Done* (San Francisco: Jossey-Bass, 2008), 29-33쪽. 데이비드 크렌쇼, 《멀티태스킹은 신화다》(인사이트브리즈 역간)

5 Drucker, *Effective Executive*, 110-111쪽.

6 이 세 가지 항목은 Gordon MacDonald, *Ordering Your Private World* (Nashville: Oliver Nelson, 1985), 74-79쪽에서 발췌했다. 이 책에는 네 번째 항목으로 "정해놓지 않은 시간은 대중의 갈채를 받는 일에 쓰이게 된다."도 소개하고 있다. 고든 맥도날드, 《내면세계의 질서와 영적 성장》(IVP 역간)

06 자녀가 왕이 된 세상

1 Joseph Epstein, "The Kindergarchy: Every Child a Dauphin," *The Weekly Standard* 13/37 (June 9, 2008).

2 앞의 글.

3 Leslie Leyland Fields, "The Myth of the Perfect Parent: Why the Best Parenting Techniques Don't Produce Christian Children," *Christianity Today*, January 2010.

4 Bryan D. Caplan, *Selfish Reasons to Have More Kids* (New York: Basic Books, 2011), 165쪽.

5 앞의 책, 62-65쪽.

6 앞의 책, 88쪽.

7 앞의 책, 32-33쪽.

8 앞의 책, 76쪽.

9 Leslie Leyland Fields, "Myth of the Perfect Parent," *Christianity Today*, January, 2010.

07 깊음은 깊음을 부르고

1 Nicholas Carr, *The Shallows: What the Internet Is Doing to Our Brains* (New York: Norton, 2011), 15쪽. 니콜라스 카, 《생각하지 않는 사람들》(청림출판 역간)

2 앞의 책, 16쪽.

3 앞의 책, 226쪽에서 인용.

4 Richard John Neuhaus, *Freedom for Ministry* (Grand Rapids, MI: Eerdmans, 1979), 227쪽.

5 Peter Kreeft, *Christianity for Modern Pagans: Pascal's Pensées Edited, Outlined, and Explained* (San Francisco: Ignatius Press, 1993), 168쪽.

6 William Powers, *Hamlet's Blackberry: A Practical Philosophy for Building a Good Life in the Digital Age* (New York: Harper, 2010), xii쪽. 윌리엄 파워스, 《속도에서 깊이로》(21세기북스 역간)

7 앞의 책, 17쪽.

8 Blaise Pascal, *Pensées*, trans. A. J. Krailsheimer (New York: Penguin, 1966, rev. ed. 1995), 37쪽.

9 Neil Postman, *Technopoly: The Surrender of Culture to Technology* (New York: Vintage, 1993), 184-185쪽. 닐 포스트먼, 《테크노 폴리: 기술에 정복당한 오늘의 문화》(궁리 역간)

08 삶의 리듬을 찾을 때

1 예를 들어 다음 책들을 참조하라. Christopher John Donato, ed., *Perspectives on the Sabbath: Four Views* (Nashville: B&H Academic, 2011); Iain D. Campbell, *On the First Day of the Week: God, the Christian, and the Sabbath* (Leominster, UK: DayOne, 2005); D. A. Carson, ed., *From Sabbath to Lord's Day: A Biblical, Historical, and Theological Investigation* (Eugene, OR: Wipf & Stock, 1982).

2 G. K. Beale, *A New Testament Biblical Theology: The Unfolding of the Old Testament in the New* (Grand Rapids, MI: Baker Academic, 2011), 800-801쪽. 단락 구분은 저자가 함. 그레고리 빌, 《신약성경신학》(부흥과개혁사 역간)

3 제4계명에 대한 나의 신학적 견해에 대해 더 알고 싶다면 다음의 책을 보라. Kevin DeYoung, *The Good News We Almost Forgot: Rediscovering the Gospel in a 16th Century Catechism* (Chicago: Moody, 2010), 178-182쪽.

4 Tim Chester, *The Busy Christian's Guide to Busyness* (Nottingham, England: Inter-Varsity Press, 2006), 25-34쪽.

5 Scott Cacciola, "The Secret to Running: Not Running," *Wall Street Journal*, September 20, 2012.

6 Richard A. Swenson, *Margin: Restoring Emotional, Physical, Financial, and*

Time Reserves to Overloaded Lives (Colorado Springs: NavPress, 2004), 96쪽.

7 David. K. Randall, "Rethinking Sleep," *New York Times*, September 22, 2012.

8 Mitch Leslie, "Sleep Study Suggests Triggers for Diabetes and Obesity," *Science* 335 (April 13, 2012): 143쪽.

9 D. A. Carson, *Scandalous: The Cross and the Resurrection of Jesus* (Wheaton, IL: Crossway, 2010), 147쪽.

09 짐을 지는 삶

1 Tim Kreider, "The 'Busy' Trap," *New York Times*, June 30, 2012.

2 Ajith Fernando, "To Serve Is to Suffer," *Christianity Today* (August 2010), at http://www.christianitytoday.com/globalconversation/august2010/.

3 이 마지막 항은 내가 쓴 다음 글을 증보한 것이다. "Pastoral Pressure and Apostolic Anxiety," *Tabletalk*, August 2011.

10 반드시 해야 할 한 가지

1 J. C. Ryle, *A Call to Prayer*. Accessed January 17, 2013, at http://www.gracegems.org/Ryle/a_call_to_prayer.htm. J. C. 라일, 《기도를 잃어버린 당신에게》(복있는사람 역간)

2 Charles Duhigg, *The Power of Habit: Why We Do What We Do in Life and Business* (New York: Random House, 2012), xiv, 97-126쪽. 찰스 두히그, 《습관의 힘》(갤리온 역간)

3 Paul Tripp, *Dangerous Calling: Confronting the Unique Challenges of Pastoral Ministry* (Wheaton, IL: Crossway, 2012), 35쪽. 폴 트립, 《목회, 위험한 소명》(생명의말씀사 역간)

나는 왜 이렇게 바쁠까

미친 듯이 바쁜 삶을 사는 당신에게

2025년 3월 5일 초판 1쇄 인쇄
2025년 3월 15일 초판 1쇄 발행

지은이 케빈 드영
옮긴이 강동현
펴낸이 고태석
디자인 김수진 | 엔드노트
편집 김지혜 | 양야의 숲
펴낸곳 구름이 머무는 동안

출판등록 2021년 6월 4일 제2022-000183호
이메일 cloud_stays@naver.com
인스타그램 @cloudstays_books

ISBN 979-11-982676-7-2 (03230)